これからの人生を
豊かにする

時 産

JI SAN

時・間と心に「余白」が
産・まれる暮らし方

マキ

文藝春秋

はじめに

私はもともと家事が苦手で、夫婦共働きを続けながらふたりの子どもを育てる日々は、もう毎日バッタバタでした。

育児休暇中は、家事育児しかやっていないのに、こんなに1日があっという間に過ぎていく感覚は私だけ？　と落ち込み、仕事復帰後は、残業をしないと宣言して保育園のお迎えに駆け込み、誰にも何も言われていないのに自分で自分を「仕事も子育ても中途半端」と責めていました。

時間が足りなくて、時間に追われて、いちばん辛かったのは、子どもと触れ合う時間が思うように持てなかったこと。その時間を捻出するために、私なりに試行錯誤してたどりついたのが、シンプルライフという生き方でした。

ものを持ちすぎず、家事をしすぎず、「お気に入りだけに囲まれて暮らす」シンプルライフを探求してもう10年になります。

ものや家事を自分らしく取捨選択し続けていると、少しずつ時間の余裕が生まれ、暮らしに「余白」のようなものが感じられるようになりました。

余白があると、家事をていねいにやってみようかなと思えたり、仕事に本気

シンプルライフを探求したら、本当にやりたかったことができた

になれたり、趣味の時間が持てたりして、なんだか心が前向きに。何より育児中にイライラしなくなり、だんだん落ち込んだり自分を責めるような気持ちもなくなっていきました。

シンプルライフで暮らしに余白を作り、自分にとって豊かな時間を増やすことに着目した考え方が、「時産」です。

誰でも1日24時間平等に持っている時間は、使い方次第で幸せに近づけます。シンプルライフの先の時産で、とにかく忙しい私たちの人生を、少しでも幸せに……！　そんな思いから、本書が生まれました。

私は時産のおかげで幸いにも、目まぐるしく成長する子どもの様子をしっかり感じることができたし、必要なときはそっと手を差し伸べられる心の余裕が持てたと思います。思春期に入りだんだん家族と過ごす時間が減る前に、家族みんなで親密な時間が過ごせたことは私の宝物です。

忙しさから解放され、あなたが本当にやりたかったことを実現するために、時産をはじめましょう！

目次

時産とは…

忙しい毎日に「しないこと」を増やして少しずつ余白の時間を作り、その時間を休息や「本当にやりたかったこと」に使うこと。

1

忙しい毎日を「時産」で変える

やるべきことで埋まった暮らしに少しずつ余白を作る

失敗や後悔が見直しのチャンス

忙しくてあっという間に1日が終わってしまった。育児と仕事をうまく両立したいのに、子どもには「ちょっと待っててね」しか言えなくて、将来に向けて準備したいのに、思うように日々を過ごせない……。

忙しい状態が長く続くと、心も部屋も荒れはじめます。

私にも、「余白ゼロ状態」ですべてのことに一生懸命に取り組んで、疲れが溜まり、ぐったりして動けなくなるという時期がありました。

長女が2、3才だった頃、仕事を家に持ち帰って、休日に子どもの相手をしながら仕事をするのが辛かったり、洗濯ものを山積みのままにして、私は時間の使い方が下手だなぁと落ち込んだり。気を紛らわせる時間もなく、心も追い詰められていました。

その頃のいちばんの後悔は、「もっと、子どもと過ごす時間を持ちたかった」という思い。もう後悔したくなかったので、次女の産前産後の休業中には時間効率を上げる策を考えました。

十数年前は本屋さんや図書館に行っても、料理は料理のプロ、掃除は掃除のプロが解説する専門書が多かったので、基礎と大枠を一通りインプットしてから、これは自分に合っている、これは端折《はしょ》ってもいい、と取捨選択していきました。もともと家事が得意ではなく、手間をかけると体力を消耗するとわかっていたので、背伸びはせず、自分ができる範囲で**最低限これだけやれば家族が健康に過ごせる**、というラインを見極めました。

いい主婦、できる主婦と思われたいという他人目線も手放し、家族と自分が幸せになるために時間を使おう！　と決めたのです。

作業工程を分解して、見直す

家事の中でも料理にかかる時間はいちばん長いので、分解して考えてみました。仕事帰りの移動中、「晩ごはんは何を作ろうかな？」とスマホでレシピを検索する時間、食材を買いにスーパーに寄る時間、「最初にあの野菜を切ってお味噌汁を準備して」と脳内でシミュレーションする時間も、料理の時間です。帰宅してから調理して、食べて、洗いものをして片付けるまですべて料理の時間。調理時間が30分だとしても、晩ごはんだけでトータル2時間くらいかかっていることになります。

減らせる時間は減らそうと思い、まず、自分にとって扱いやすく、短時間で調理できる食材と調味料を絞り込み、調理法も「フライパンで焼くか炒めるだけ」など限定しました。

料理が苦手な私は2、3年かかりましたが、毎日キッチンに立って繰り返し実践練習をするうちに、レシピを見ずに料理ができるようになりました。

買いものは週に一度まとめて届く宅配サービスを利用して、スーパーに行く時間もカット。調理器具や食器も毎日だいたい同じものを使うので、片付けのスピードもだんだん上がっていきました。

献立は、前日に冷蔵庫を見て「白菜があるから明日は豚バラ炒めを作ろう」と決めて、冷凍肉を冷蔵庫に戻して解凍しておくなどの先取りだけしておきます。

翌日、**帰宅して冷蔵庫を開けて初めて料理の時間がはじまり、調理20～30分、片付けを含めてトータル45分ほどですみます。**

復職したら、保育園にお迎えに行って帰宅したあと、3、4時間ぐらいしか子どもが起きている時間はありません。

家事の見直しに加えて仕事も持ち帰らないと決め、毎晩、子どもと一緒にお風呂に入って密にコミュニケーションをとり、寝る前に絵本の読み聞かせをしました。私にとって幸せを実感する時間が増えていきました。

今まで家事のことを考えていた通勤時間（往復約1時間）が「余白」になり、

料理の時間を「時産」する

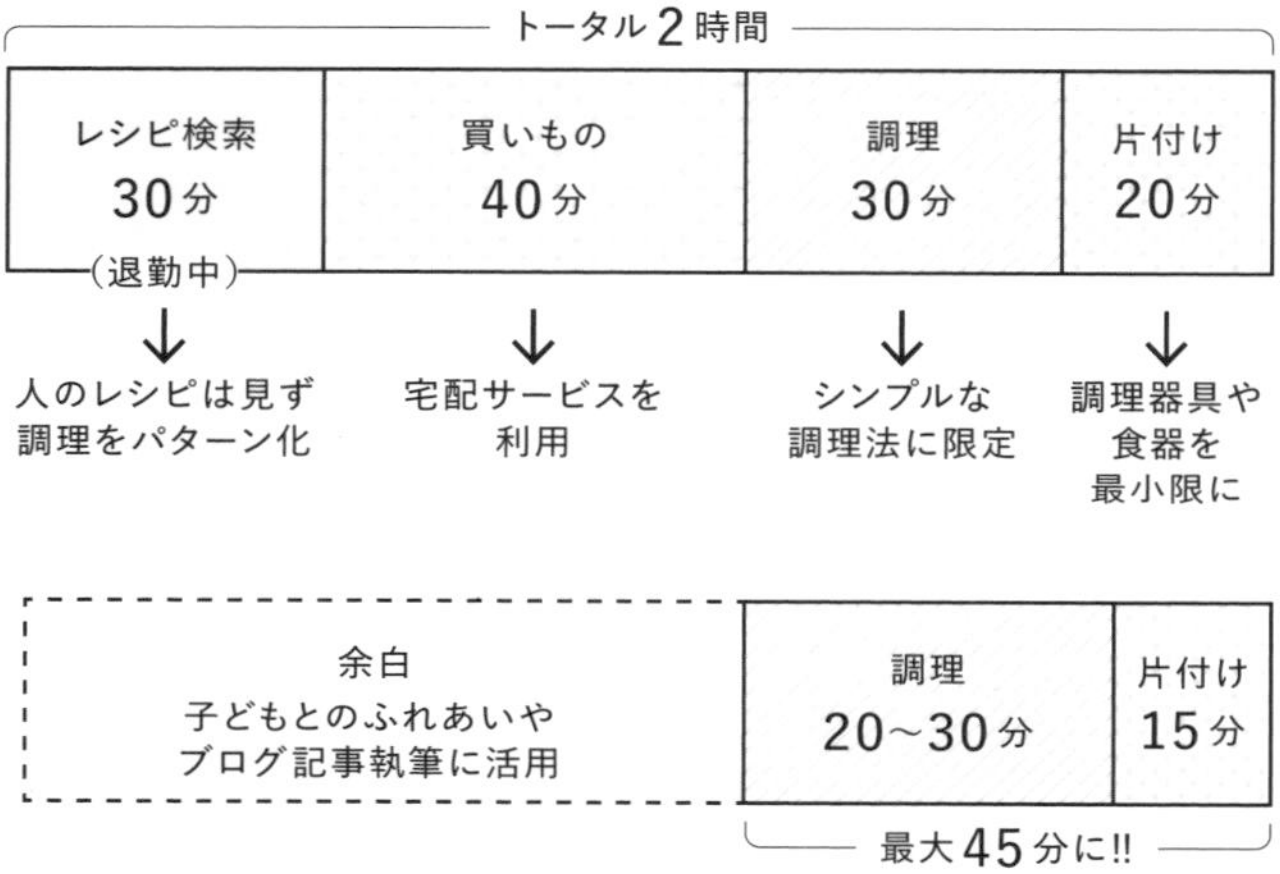

私はそこをぽちぽちとブログを書く時間にしました。内容は、試行錯誤しながら必死で編み出した家事や暮らしのうまくいった報告レポートです。

　そのときはじめた「エコナセイカツ」というブログは次第に主婦雑誌に取り上げられ、よりわかりやすく編集されて書籍になり、今ではYouTubeで発信するまでになりました。

　それまで家事や育児に追われてばかりだったのに、暮らしを変えたら未来につながる一歩まで踏み出せました。**やるべきことではなく、やりたいことができる「余白」を作る**のが、まさしく「時産」パワーです。

「時短」だけでは忙しさから解放されない

「時短家事」の詰め込みすぎに注意

「時短技」と言うと、多くの人が「聞いておこう」となると思います。忙しすぎる現状をどうにかするための道具や技、あえて「しない」というライフハックは、常にメディアやＳＮＳの人気コンテンツです。

私も子どもふたりが小さい頃、本当は料理・洗濯・掃除をちゃんとやりたいのに、育児を優先しなきゃいけないから家が片付かずイライラ……という時期があり、時短技を調べたり考案したり、かなりたくさん実践してきました。

ただ、「これで時短になる！」と思うとき、ほのかに「本来するべきことをやってない」「手を抜いている」という後ろめたさを感じていました。

「時短」には、切羽詰まってそこにたどり着いたような、ややネガティブなニュアンスがある気がします。


そのほんのり生じた罪の意識（？）から、時短で生まれた時間を他の家事に使って、家事をしまくってしまい、疲れる……みたいなこともやっていた私。

「ひとつの家事が短時間で終わったら、他の家事ができる」。時短という言葉の裏に、そんなメッセージも感じていました。家事技術がレベルアップするような感覚や、時短を極めた先にある**「できる主婦」のゴールイメージが、家事をする人を苦しめてしまっている**ような気もします。

短縮された時間をどう使うか

「時産」は表も裏も、前向きでポジティブな考え方です。

忙しすぎる現状を見直し、自分の意思で時間の取捨選択をする。

そうしてできた余白の時間は、**自分が本当にやりたかったことや、休息に使って、毎日を豊かにする**イメージです。

「時短」がマイナスをゼロにするものなら、「時産」はさらにプラスにまでもっていく考え方です。

少し身体を動かしたり、ハーブティーを入れて自分の心と向き合ったり、SNSで発信したり、資格の勉強をするなど未来への投資時間にしたり……。

肉体労働が続いているときは、積極的に身体を休める時間にするのもいいと思います。エステやマッサージなど、人に癒してもらえたらその時間は強制的に休めます。子どもが小さいうちは、絵本を読んだり一緒にゆっくりお風呂に入ったり、スキンシップにあてると心が癒されます。

自分のためだけに使う時間は充実感につながり、大切な人とのんびり過ごす時間は幸せを実感できます。そういう時間を増やすことが「時産」です。

近年、タイムパフォーマンス、タイパ（時間対効果）という言葉も流行中です。

「時短」と「時産」のゴールイメージの違い

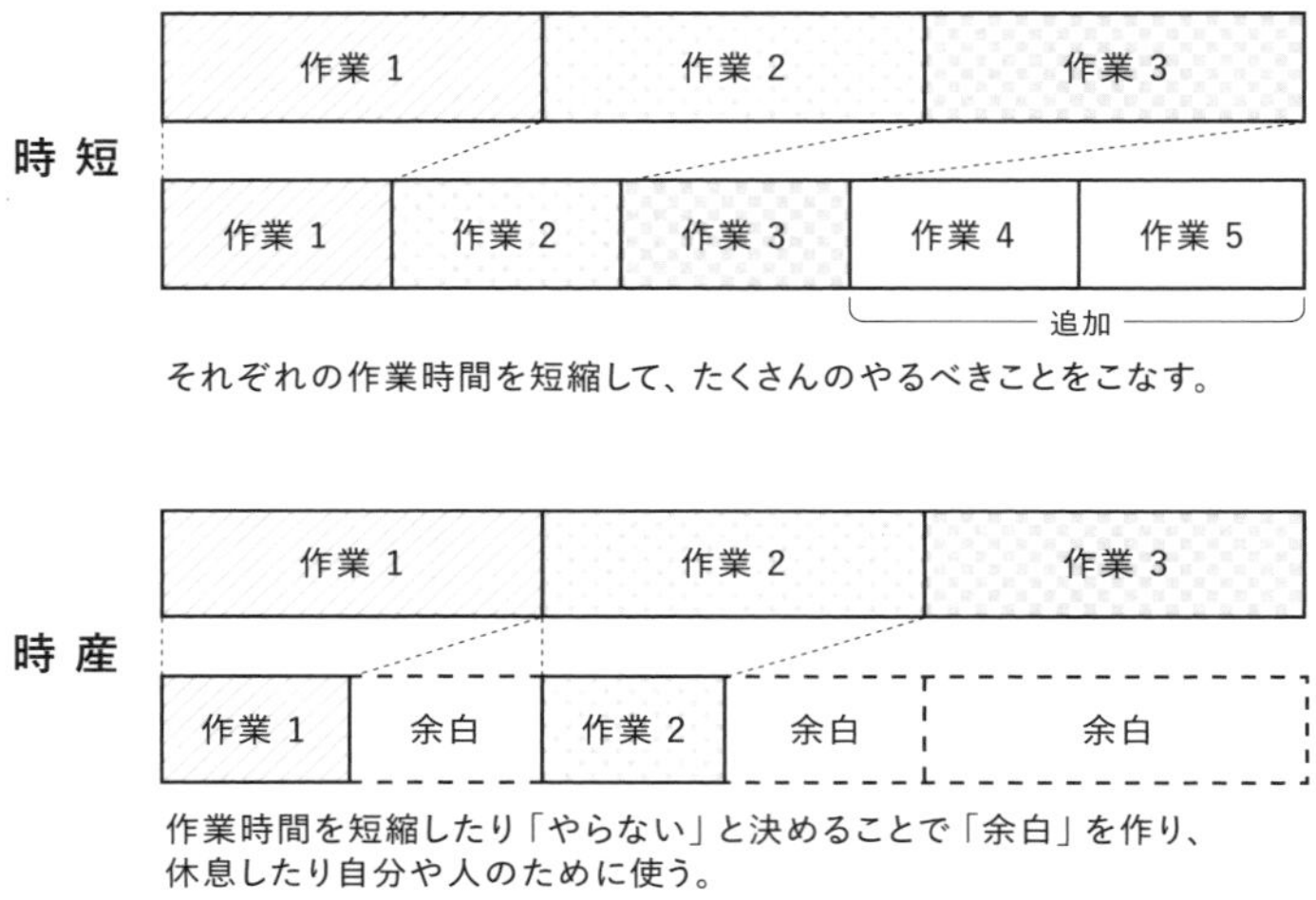

それぞれの作業時間を短縮して、たくさんのやるべきことをこなす。

作業時間を短縮したり「やらない」と決めることで「余白」を作り、
休息したり自分や人のために使う。

コストパフォーマンス、コスパ（費用対効果）はお金をなるべく使わないことに重きが置かれていましたが、今は時間こそ大切で、なるべく無駄な時間を使いたくないと考える人が増えているんだなあと、答え合わせをしたような気持ちになります。

でも、時短もタイパも、時間が節約できたことまでを表す言葉で、それだけでは「心」は満たされません。

工夫して作り出した「時間の余白」を**どう使うと幸せになれるのかまで考えるの**が「時産」で、時間の節約にとどまらず「投資」の概念も含まれていると考えています。

暮らしにどのくらい余白があるか可視化してみる

3種類の時間の配分をチェック

最後に「ゆっくり休んだなぁ」と実感できたのはいつでしょうか。

また、「ついにやりたかったことができた」「来たかった場所に来られた」などの充実感を得たのは……？

そういった「自分のために使う時間」をとることが難しい、もしくはピンとこないというときは、時間配分を可視化して考えてみるのがおすすめです。

今の過ごし方をざっくり書き出して、それぞれの行動が次の3種類のどれに当てはまるか考えてみます。

1つ目は「生産時間」。

仕事をしている時間、家事をしている時間など、**何かを生み出している時間**です。育児の時間も生産時間ですね。

自分のためというよりは誰かの役に立っている、社会にプラスを生み出すような時間です。生産時間に勤《いそ》しむことで、やりがいを感じたり、充足した気持ちになると思います。

2つ目は「休息時間」。

自分の心と身体を休ませるために使う時間です。睡眠時間もそうですし、ひとりでゆっくりお風呂に浸かっている時間、マッサージやストレッチなど、心身が癒えると実感できる時間は休息時間です。

生産時間に生じた疲れを癒すために休息時間をとることで、また頑張ることができます。生産時間と休息時間は両輪の関係とも言え、どちらも大切です。

3つ目は「消費時間」。

スマホをだらだらと目的なく何時間も見てしまったり、自分にさほど必要でない情報を深追いして惑わされたり、たいして興味のないワイドショー番組に目を奪われたり、**あきらかに消費、あるいは浪費してしまったなと感じる時間**は消費時間です。この時間が増えるほど、忙しいと感じやすくなります。

ぼーっとする時間、自分が関心のあることに心ゆくまで思いを巡らすような時間は、大切な「休息時間」なので見直す必要はありません。

でも、本当は有意義に使おうと思っていたのに、結果的に逃避的な行動をして消費してしまったと感じるときは、一度立ち止まってみましょう。

無理に仕事や家事をしなくてもいいので、ベランダに出て深呼吸をしたり、お昼寝をするなど休息時間に充てれば、立て直す余力が戻ってくるはずです。

「休息時間」が、暮らしの余白

「自分のために使う時間」つまり「休息時間」が極端に少ないのは、暮らしに「余白」がない状態。時間に追われているように感じ、イライラしたり心身が消

3種類の時間

1. 生産時間
仕事、勉強、家事、
育児、介護…etc.

何かを生み出したり、
他者や会社のために使う
時間。

↓

やりがい、充足感に
つながる。やりすぎは
疲れてしまうので
自分のペース・方法で。

2. 休息時間
睡眠時間、お風呂、
マッサージ、ヨガ、
読書、趣味…etc.

自分の心が喜ぶ
時間。

||

暮らしの余白

3. 消費時間
目的なく長時間スマホや
テレビを見続ける、
ものが多すぎて
探しものをするなど、
意図せず費やす
時間。

↓

増えると時間に追われる
日々に。ものの持ちすぎ、
情報の見すぎを
見直して時産。

時産して余裕を増やすと毎日が豊かに

耗します。うまく「時産」して、休息時間を確保しましょう。

管理できるものの量が人によって違うように、生産時間が多くても頑張れる人、休息時間をしっかりとらないとしんどくなる人、人それぞれです。同じ人でも、状況によって変化することもあります。

子どもが小さくて目が離せないうちは、人やサービスを頼って休息するのも手です。小学生になってだんだん手が離れてきたら、遠慮せずに少しずつ自分の時間を増やしていってほしいです。**自分の幸せが家族にも伝染して、いいサイクルが生まれる**はず。

幸せを感じる時間を増やしていく

自分のために使う時間を大切に

自分のためだけに使う時間を持つことに、ためらいを感じる人もいるでしょう。時短で3分節約できたら、その3分で（家族のために）トイレ掃除しよう、となって忙しさのループから抜け出せない人は、どうか騙《だま》されたと思って3分間、軽いストレッチをしてみたり読みたかった雑誌をめくってみたり、自分のためだけに使ってみてください。

「忙しい」という状態は作業量だけでなく、心理的な要素も作用しています。しないことを増やしながら、自分を大切に扱うことに慣れてくれば、本当の意味で

「忙しさからの解放」が成し遂げられるはずです。

私がブログで家事の時短や家事を減らすことを発信し始め、『しない家事』という本を出した頃は、手抜きをしてみっともないと批判の声もありました。でも、令和になり時代が変化するとともに、どんどん世の中に認められてきた実感があります。

「自分を大切にしよう、人生は自分自身のもの」という風も感じます。

自分の時間を増やすことは、後ろめたいことではなく、充実した人生のために必要なテクニックです。

子育てや家事に追われてキーッとなっているより、心に余裕を持って家族に接したほうが、雰囲気も良くなります。手放せるものは手放して、ポジティブに「時産」しましょう。

自分軸で過ごす誰かとの時間

自分にとって幸せな時間が家族など大切な人と過ごす時間なら、自分を軸とした家族の時間を、どんどん持ちましょう。

幸せは、自分の〝心〟が感じることです。家族であっても、軸が自分以外にあったら、幸せを感じにくいかもしれません。まして、大切でない人の目線を気にしても、本当の心の満足は得られません。

でも、自分を中心軸に据えれば、誰かと一緒の時間も「自分の時間」になります。家族がいる空間で読書をしたり、大好きなドラマをリビングで堂々と見たり、家族の好みそっちのけで自分が食べたいものを作ったり。

自分自身の幸せが、家族にも広がっていく、大切な人にポジティブな影響を及ぼしていくというのが、今に合う考え方だと思います。

「時産」するための3つの視点

「時産」で暮らしに「余白」を作り出すために、具体的なポイントが3つあります。現代を生きる人にほぼ当てはまる「多すぎる」もの・ことを整理すれば、自然と余白が生まれます。

ものの持ちすぎ

ものが多いと「どれを使おう」、服が多いと「どれを着よう」「あれはどこにしまったっけ？」と迷ったり探したりする消費時間がどんどん増えます。片付けやメンテナンスにも時間をとられ、処分する際もどうやって手放すか調べたり考えたり、手間がかかります。

料理を作るとき、食材がありすぎると「今日は何を作ろうかな？」と頭を悩ませ、レシピ検索の深みにはまります。さらに調味料も和洋中、エスニックといろいろ揃っていると、さらに迷ってしまいますよね。

料理が好きで選択肢があるほど腕が鳴るという人や、ファッションが好きでいろんなコーディネートを楽しめる人は、好きなものを減らさなくても大丈夫。好きなことであれば、判断が早くできたり、調べる時間さえ楽しく感じるものです。好きな分野ほど、選択肢が少ないほうが時間をうまく使えます。適正量というのは人それぞれで、**「自分が管理できる量」「パッと決められる量」まで減らす**と、迷ったり選んだりする無駄な時間がなくなります。

家事のやりすぎ

やらないと家が回らないけれど、やろうと思えば無限にやることがあるのが家事です。毎日の料理、洗濯、掃除、片付け、アイロンがけ……。家族が増えると、やることも増えていきます。

また、雑誌やSNSを見ると、家事のテクニックやグッズの情報があふれています。中には本当に家事をラクにしてくれるものもありますが、覚えるのが大変だったり、かえって不要なものを買ったりしてしまう可能性もあります。

私は10年前から「しない家事」を提案していて、**家事は「減らす」もしくは「やめる」工夫をする**ことをおすすめしています。

すべての服をハンガー収納にして「洗濯ものをたたまない」、形状記憶のシャツを買って「アイロンをかけない」、宅配サービスを利用して「スーパーに行かない」など。まだまだ「やめていい家事」はたくさんあると思います。

家事をひとりで抱え込まない

家事を減らしてシンプルにしていくと、家族が手伝いやすくなります。

家事は家族みんなに関わることなので、自分ひとりで背負い込むのではなく、夫にも子どもにもシェアして、どんどん参加してもらいましょう。

最初のうちは時間がかかったり、コミュニケーションがうまくいかずに何度も同じ間違いをすることがあるかもしれませんが、必ずできるようになりますので、辛抱強く戦力を育て上げてください。

もし仮に自分が病気で入院することになったとき、家族が家事を回せるようにしておくことも家事を担う人の使命だと思っています。

割り切ってどんどん家事を簡略化することや、家族のためにばかり生きず自分だけの時間を持つことを発信すると、いつも反響がとても大きく、多くの人が家事に課題を感じているのだと感じます。

断言しますが、**家事を手放す＝手を抜いているというネガティブな発想は捨ててしまって大丈夫**です。

家電や効率化でできたスキマ時間をすべて家事（生産時間）に使ってしまうと、休息時間が生まれません。ゆとりがなくなって自分がすり減ると、家族にも優しくできないですから、幸せから遠のいてしまいます。

情報の見すぎ

スマホの定着によって1日に接する情報の量が膨大になったことが、この10年の変化でいちばん大きく、「忙しい」と感じる最大の原因ではないかと思います。私たちが子どもの頃は、新聞やテレビなど限られた時間に限られた情報しか入ってきませんでした。深掘りしたいときは、書籍や雑誌を買って、時間をかけて繰り返し読みました。

昔はわざわざ調べていた手に入りにくかった情報が、今はスマホやSNSの発達で身近に情報があふれかえり、**取ろうとしなくても向こうから寄ってくる**状態。何かを調べるためにアクセスしたら他の情報も目について、必要じゃなかったことまで入ってきます。

スマホやパソコンを通してたくさんの情報に接することはある程度しょうがないですが、その量を減らそうと意識したり、何らかの手段で情報に触れない時間を作ると、知らないうちに消えてしまう消費時間を取り戻せるかもしれません。

2

シンプルライフは
余白がいっぱい

ものが減ると時間が増える

探したり迷ったりする時間がなくなる

ものがたくさんあると、「どこにあったっけ」と探したり、「どれを使おう」と迷ったり、「あれはどこにいったの?」と聞かれたり、ちょこちょこと時間がとられ、積み重なるとかなりの時間が奪われます。

わが家は家族みんなで使う筆記具は1種類1本ずつ、いつも同じ場所にあるので、誰も探さず、片付けるのも簡単です。ペンはインクが切れかけてから買っても、じゅうぶん間に合います。

「ひとつの用途にひとつの道具」だと時間のロスが減ると気づかせてくれたのは、26センチ、24センチ、20センチの3つのサイズのフライパンでした。

小さなキッチンと食器棚に、家族４人分の食器と調理道具を収納。家族共有のペンはキッチン側面に各種１本ずつ。迷う暇なくサッと取り出せます。

毎度「え〜っと今日はどれを使おうか……」と手が止まっていることに気づき、そういえば24センチのフライパンをしょっちゅう使うのに、ふたつのフライパンに挟まれて取り出すときちょっと面倒くさかったと思い出しました。

何種類かあると安心ですが、収納場所が限られている場合はストレスと隣り合わせです。

たくさんあると便利か？　答えは人それぞれですが、私はおおざっぱな性格と極狭の収納事情から、フライパンは24センチの深型だけにしました。

苦手なものは時間をとられがち

ものはあればあるほど手間と時間がかかりますが、だからといって少なすぎてもいちいち買いに行ったりして非効率です。

人それぞれの「適正量」を持つことで、毎日がラクになります。

整理収納が得意な人はたくさん持っていても管理できるし、好きなジャンルであれば、たくさん持っているほうがやる気が出て効率がアップする場合も。「この汚れにはこの洗剤、この場所にはこの洗剤」と用途別に洗剤を揃えたほうが、迷わずサッと動けるという人もいるでしょう。

逆に、毎回パッケージの説明書きを読まないといけない人は、ひとつの洗剤で「食器洗いも、衣類の洗濯も、お風呂掃除も、トイレ掃除もできる」というほうがずっとラクなはずです。

苦手なジャンルのものは、雑に扱ってしまったり持て余したりしがちです。

「ただ場所をとるだけの存在」は、使うのも片付けるのも、最後に処分するのも気乗りしないいため、やたらと時間がとられます。

ものを減らすなら、苦手なジャンルから手をつけるのがおすすめです。選び抜いてひとつに絞ると少し愛着が湧き、作業が効率的になるかもしれません。

忙しいライフステージは「急がば減らせ」

毎日がものすごく忙しくなってくると、好きなものや趣味のものでも面倒に感じられ、苦手なものはいよいよ片付けられずごちゃっと山積みになり、部屋が不穏な雰囲気に包まれます。

誰しも人生の中で「ものすご〜く忙しい時期」というのは時折やってくるので、そういうときは先にものを減らして「余白」を作ってあげると効果的です。

好きなものを集めたい、趣味のコレクションに囲まれたいという気持ちは、将来の楽しみにとっておいて、忙しい時期は「管理できる量」を大切にすれば、ものをないがしろにする罪悪感はなくなります。

私が余裕のないときに手放したものといえば、ソファです。

新婚時代に、1Kひとり暮らし時代から憧れていたソファを手に入れました(床に座ってソファを背もたれにしていることが多かったですが)。

でも、子どもが生まれるとソファの立ち位置が変化。生後3か月の長女がソファで寝返りをうってヒヤッとしたとき、ソファは「危ない家具」でした。

その後も、おやつのついた手でベタベタ触られたり、吐き戻されて何度もカバーを洗濯したり、レゴブロックが背もたれのスキマに入り込んだことに気づかず家族総出で探したり、ソファ下に掃除機をかけるたびおもちゃの部品が吸い取られて壊れそうになったり……。

余裕のあるときは幸せの象徴だったソファが、子育て中には余計な手間や時間がとられる存在になってしまいました。

同じものでも幸せが手に入るときと、そうでないときがある。メリットとデメリットの天秤は、そのときどきで自分で判断することが必要だと思いました。

わが家は、子どもが小さいうちは無理してソファを持つ必要はないなと判断し、ソファを持たない暮らしを続けて10年が経ちました。

今後は夫婦が衰え足腰が弱くなり、ソファが必要になることもあるかもしれませんが、「子育て真っ最中の忙しい間は持たない」という選択は、時産につながったと感じます。

すでに持っているものを当たり前に受け入れるのではなく、**生活の変化に合わせて意思を持って取捨選択**をする。これぞまさにシンプルライフです。

大きなソファのないリビングは空間的な余白がいっぱい。ヨガをしたり、ゲームをしたり、本を読んだり、なんとなく触れ合ったり……。過ごし方のバリエーションが広がります。

すっきりした空間だと作業が早く終わる

すぐ集中できる、すぐ片付けられる

さあ料理をしよう、仕事をしようというときにごちゃごちゃとものが集積していると、実行する前に片付ける時間が必要です。

目に入ったものから雑念が生まれ、集中するまでにタイムラグも生じます。「作業台」となるキッチンや机は、何も置かないことが時産のベースになります。

キッチンに置く調味料は扉の中にしまっておき、使うときだけ出す仕組みに。わが家は一部の調味料は冷蔵庫にしまっています。出しっぱなしにしておいたほうがスムーズな気もしますが、キッチンまわりの掃除まで料理の時間と考えた場合、ホコリがついた容器に油ハネしてしまったときの悲惨さといったら……。

使うときに使うものを出し、終わったら片付ける。これをシンプルに繰り返すことがトータルの料理時間を短くします。

作業台にものがない状態をキープするために、作業が終わったらしまう習慣に加え、**1日の終わりに部屋をリセット**することをルーティンにしています。

子どもたちの机も寝る前に片付けるのが決まりなので、学校から帰ったとき何もない状態。宿題をするとなったらサッと集中するクセがついています。

早く作業に取りかかると、早く終わります。やるべきことが終わると、達成感もひとしお。すっきりとした机は無駄な時間を生まないだけでなく、勉強面で「自信がつく」というすばらしい効能がありそうです。

必要最小限の自分専用スペース

たとえ狭くても、「自分専用の場所」はそこに座るだけでリラックスして、集中モードに入りやすいと思います。

ひとりずつ部屋がなくても、自分だけの机や棚があればじゅうぶん。オフィスでも個室があることは少なく、同じ部署の人たちがデスクを並べてそれぞれ仕事に集中できますよね。

わが家は首都圏のマンション暮らしなので、小学生になったから個室をというわけにもいかず、子どもふたりが小学生の間は59平米の1LDK（仕切りで2LDKにできるタイプ）のリビングに学習机を置いていました。

自分専用のスペースは、子どもたちにとっては**「ここだけは自分の自由にしてもいい場所」という特別感**があり、うれしいものです。

性格や成長段階によって、ひとりで机に向かうほうが集中できる子、誰かに近くで見られながらやったほうが頑張れる子、それぞれです。

長女は私の近くでやっているのを見てもらうほうがはかどるタイプだったので、4年生くらいまで宿題はダイニングでやっていましたが、次女は干渉されたくないタイプなので低学年の頃から自分の机で宿題をしています。

場所はどこでもよく、家のどこかにお気に入りの席があることが大事で、そのスペースを使い勝手良くしておくことが、作業効率アップにつながります。

子どもふたりが小学生の間は、リビングの一角に子どもスペースを。私はダイニング側で反対向きに座っているので、お互い視界に入りません。

集中力をさらに高めるグリーンとアロマ

余白のある空間に、心を豊かにしてくれるものが飾られていると、さらに集中力が高まります。

私の場合はグリーンです。昔からグリーンのあるインテリアが憧れで、いつか大きな観葉植物を迎え入れられる家に住みたいと夢見ていました。

高校生のときは無印良品で買った小さな鉢を飾り、子どもたちが小さいうちは大きな植物をひとつだけ持っていましたが、今は家の中に余白が増え、水やりの時間もとれるようになったので、やっと理想のグリーンインテリアが叶いました。

ときどき花も飾ります。買いものをするために街に出て欲しいものに出会えなかったとき、妥協して代替品を買わず、花を買って帰ることにしています。せっかく出かけたのだから何か買わないと損した気持ちになりがちですが、花屋さんで好きな花を買えば心が満たされます。

視覚だけでなく嗅覚も、気分のスイッチを変えてくれるので、デスクワークをはじめる前にはスッキリと鼻に抜ける香りのアロマを焚きます。いい香りを嗅ぐと意識しなくても深く呼吸ができるので、頭が冴える感覚があります。

この空間が好きだな、心地いいなと思うと、家事や仕事も前向きな気分で取り組めます。

生花は季節のものを飾るようにしています。組み合わせは切り花４割、葉物６割で色はグリーン多めに。

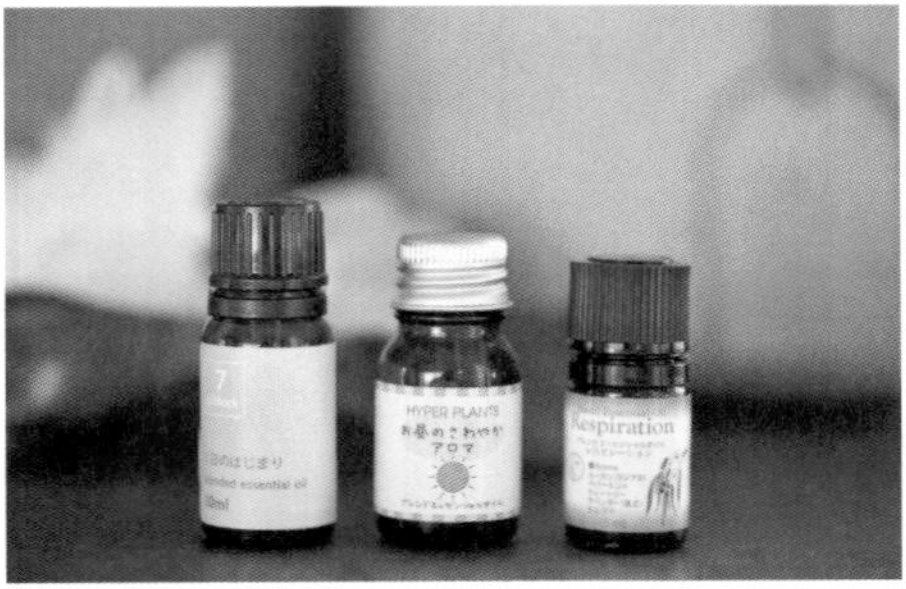

集中力を高めてくれるアロマたち。左から、ケユカの「1日のはじまり」、エコデパで購入したハイパープランツの「お昼のさわやかアロマ」と「レスピレーション」。

身支度が早くなるクローゼット

今の自分に似合う服しか入っていない

私はもともと服が好きで、かつてはたくさん持っていて、毎日何を着ようか迷って支度に時間がかかっていました。

でも、出かけたあとに、ふとガラスに映った自分を見て「やっぱりこの組み合わせじゃなかった」とモヤモヤしたり、「あれだけ迷ったのに結局いつもの黒ずくめじゃん……」となることも多く、「それなら最初から定番の組み合わせだけ持っておけばいいんだ！」という考えに至りました。

日常着は、半年に一度（春夏・秋冬）そのシーズン用に**3セットほどコーディネートが組める分だけクローゼットに用意して、それを繰り返し着て**います。

肌に直接触れるトップスは着倒す前提で毎シーズン買い替えると、丈感やシルエットがなんとなくその時代っぽくなり、年齢とともに変化する体型にも対応できます。何より自分が飽きない！　おしゃれを楽しんでいる満足感が得られます。

10年くらいこのやり方を続けていますが、服に迷う時間がほぼゼロになり、いつでもその時期の自分にいちばんしっくりくる服が着られて快適です。

アウターやセットアップなどは長く着る前提で、飽きのこない上質なものを買って3〜5年は着続けます。

冬用アウターは黒のウールコート1着、学校行事や冠婚葬祭に対応できるセットアップは秋冬用のウール1セットと、シワが気にならない春夏用のポリエステル1セットだけ持っています。

少ない服がすべて吊るしてあるからすぐ選べる

服は家族4人分を、すべてひとつのクローゼットに収納しています。

限られたスペースに入る分しか持てないので、家族4人とも、服の数が少ないほうだと思います。

下着やパジャマ以外の服はハンガー収納にしています。季節外のものだけ収納ボックスにしまい、クローゼットには**「今着られるもの」しかかかっていない**状態です。クローゼットの前に立ったら、あとは選ぶだけ。たんすや衣装ケースを開けて考える時間も要りません。

洗濯が終わった洋服はすべてハンガーに干し、乾いたらそのまま全員分ここに収納するだけなので、家事の面でも時産です！

子どもはたくさんあると無駄に迷ってしまう

子ども服コーナーは出し入れしやすいクローゼットの下段に配置。服が多すぎると選ぶのに時間がかかってしまうので、子どもの服も、シーズンごとに3〜4セットに数を絞っています。

バラしてもコーディネートできるようにセレクトしてあり、ショップで選ぶみたいにひょいと手に取って感覚的に着るものを選べます。

1年後にはサイズアウトして着られないこともしばしばなので、シーズンごとに少ない数を買って着倒せば、せっかく買ったのにあまり着なかったという無駄も減り、いつも新しいお気に入りの服を着られて満足度も高いはず。

冬のアウターはウールコートと、ダウンジャケットを1着ずつ持っています。

子どもの服を買うときの最重要ポイントは着やすさです。見た目が可愛い服もたくさんありますが、ひとりで着替えられるシンプルな形がベスト。袖や裾がもたついた

毎シーズンとびっきりお気に入りの3～4セットを用意。上下入れ替えてもOKなラインナップに。

この場所にくれば、あとは気分で好きな服を選んで着ればいいだけ。

りすると遊びに集中できないので、子どもが動きやすいことも大切です。
また、毎日の洗濯で他の服と一緒に洗えないもの、たとえばスパンコールが付いていたり、別でおしゃれ着洗いしないといけないニットなどは買いません。
ときどき子どもが着てくれない服が出てきますが、着たくない理由を明確に言ってくれるので、バイヤーとしての私のセレクトもだんだん上達してきました。

子ども服をついたくさん買ってしまうのは、洗い替え用に6セットは持っていないと回らなかった保育園時代の名残かもしれません。小学生以降は乳幼児の頃と違い、6セットもあると組み合わせの掛け算が増えて、子どもは迷いやすくなります。

水玉×ボーダーのようなちぐはぐなコーディネートを「それ恥ずかしいよ」と子どもを否定して着替えさせることになったり、「今日はどれを着たらいい？」「後ろボタンがとめられない」など親が巻き込まれたり……。

子どものうちは、今しかできない子どもの活動（勉強や遊び）に時間を使ってほしいから、少しでも服に煩《わずら》わされる時間が減ったらいいなという思いもあり、少数精鋭を取り入れています。

早い子だと小学校高学年から、遅い子でも中高生になったら自分でお店に売っている服を選ぶようになり、失敗もしながら、ひとり立ちしていくのでしょう。

先々、いざとなったら「服は少なくてもやっていける」という体験が役に立つかもしれないし……立たないかもしれませんが（笑）。今を快適に過ごしてくれたらいいなと思っています。

服が増えない仕組み

すべての服をハンガーにかけているので、「ハンガーは絶対に増やさない！」と決めれば、服の量は増えません。

半年に一度、コーディネートを更新するタイミングで新しい服を買ったら、着なくなった服をハンガーからはずして処分します。

来年も着る服は、保管用衣装ケースに入る分だけ保管します。ルール化したことで、時間もストレスもかからずものの量を一定にキープできています。

子どもも大人も日々変化して成長しながら生きているので、新しいものがどんどん家の中に入ってきますが、同時に使わなくなるものも出てきます。溜め込まず、どんどん家の外に出していきましょう。

着る人の身体はひとつしかなく、365日着られる服の数には限りがあります。「衣替え」という手放すきっかけも明確なので、まず服のIN&OUTを何度か実践すれば、ものの量をコントロールする感覚がつかめていくと思います。

服を一定量に保つサイクルのきっかけとして、まず捨てる時期を明確にして購入してみてください。「このトップスは1年着倒して手放そう」「下着は半年で買い換えよう」とイメージして買うと、きっと服が増えづらくなります。

子育て中は特にものの流入が激しいです！　今のうちに訓練しておけば、この先ずっとものに振り回されず、自由な時間が送れるはずです。

私は何度も買いものや片付けに失敗して反省した経験から「セレクト条件」がどんどん厳しくなり、お店に並ぶたくさんの商品に目がくらまず、マイベストだけを選べるようになりました。

首のあきが大きい服や重たいニットはハンガー収納に向かないので対象外。家で洗濯できない、ふだんの洗濯で他のものと一緒に洗えない服も、着心地が悪そうだったり、着回しできなそうな服も今はもう選びません。

ふだんから**厳しい目で選び、少ししか買わない**癖をつけると、ものは増えにくいです。たとえば服を10着買ったとしたら、かなりの確率で2〜3着の着ない服が出てくるでしょう。でも最初から1着しか買えないなら、本当に着たいものだけ買うはずです。

家族4人分の服が集結したクローゼット。

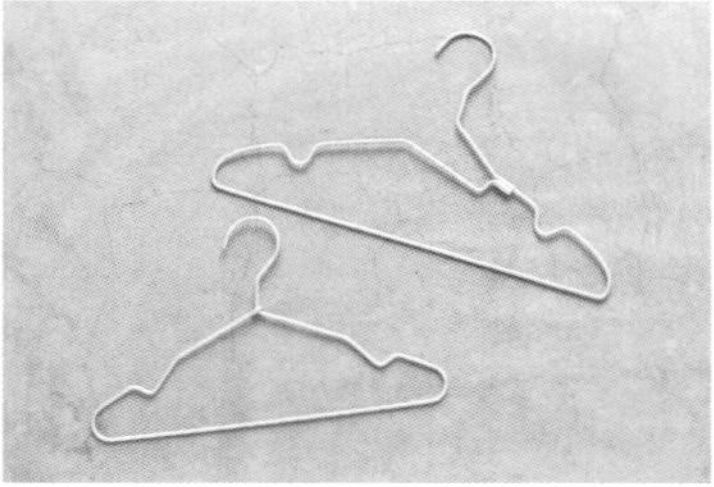

家族全員、ニトリのアルミハンガー（上）を使用。薄いので限りあるスペースにたくさん吊るせます。キッズサイズ以下の服はセリアで見つけた似た感じのハンガー（下）を使っていました。

ぱっと見「素敵だな」と思っても、「洗濯や管理をするとしたらどうか」など厳しい条件で考えると、家に迎えるものが厳選され、買いものの失敗も減りました。店での滞在時間も、後悔する時間も減り、これぞまさに時産です！

バッグや靴も迷わない数だけ

今私が使っているバッグは6個です。A4が入る薄いショルダーバッグを黒とブラウンの色違いで2個、トートバッグが大小で2個、ハンドバッグとリュック。他に、お土産や雑誌付録のエコバッグが4個あります。

靴は6足。スニーカー、ショートブーツ、レースアップシューズ、フォーマルパンプス、コンフォートシューズ、サンダルを各1足。TPOに分けて履けるように6種類ありますが、機能が同じ靴は持ちません。

夫もバッグは4個。靴は仕事用と休日用、合わせて5足です。

子どものものは、服と同じで**選ぶのに迷わないように用途ごとにひとつずつ**。複数用途で使えるものは、スペースの節約になるのでなおよしです。

バッグはお出かけする距離や場所によって、水筒を持っていくならリュック、街なかに行くならショルダーバッグ、近場への買いものならポシェット。

靴も1ジャンル1足で、公園に行くときは運動靴、雨が降ったら長靴と、迷わず選べます。

バッグは長く使えますが靴はすぐサイズアウトするので、スニーカーだけ常にハーフサイズ大きい新品を予備に持っています。いざというときに慌てると、時間と労力の無駄だという学びからです。

どれを身に着けるか迷いようがない仕組みを作っておけば、忙しい朝も、お出かけの前も、バタバタタイムが激減します。

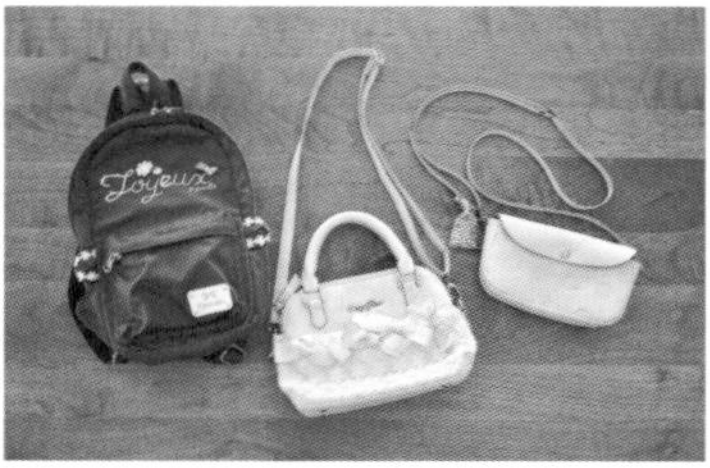

次女のバッグ3つ。リュックとショルダーバッグ、ポシェット。

左上から時計回りに、次女の運動靴、冬のショートブーツ、長靴、夏のサンダル、春秋のお出かけ靴、フォーマルシューズ。

ものが増えず、時間が増える買いもののコツ

定番を決める

お店に行き、そのときどきで「安いもの」を買っていたら、品質に不満があった場合もう一度買い直すか、我慢して使い切るかとなり、どちらも地味にストレスですし、結果的にお金や時間を失うことになります。

「定番」を決めてそれだけを買うことは、買いものにおける時産のコツだと思います。わが家にあるものは、家具や家電など大きなものから、ペンや日々の食材など小さなものまで、すべて「これがわが家の定番」と言えます。

洗剤、スポンジ、シャンプー、歯ブラシなどの消耗品も、**わが家はこれ！　と定番を決めれば、置き場所を決めるのもストックの管理もストレスフリーです。**

定番を決めるまでは、評判を確認したり使ってみたりして、商品のスペックと値段を比較し、どれがベストか選手権みたいなことをすることもあります。そこでちょっと時間を使っても、トータルで見ると無駄な時間は少なくてすみます。

食材も定番を決めてしまえば、宅配サービスを頼むときに迷わず、目的なくスーパーに寄ることもなくなります。今は1週間に一度くらいしかスーパーに行かなくなり、ずいぶん無駄買いも減りました。

買いものをする「店」も、いつも同じならどこに何があるかわかるので時間の無駄が少ないです。

それでもお店に行くたびに誘惑はあるもので、買いものをする頻度を減らしてまとめて買うと、時間もお金も節約できます。

私はスマホのメモ機能に100円ショップ、スーパー、ドラッグストアなど店ごとに買いもののメモを書き留めています。

100円ショップやホームセンターなどは目的なく行くとテンションが上がってしまい誘惑に勝てないので、明確な目的があるときだけ行くように心がけています。あくまでも目的のついでに、他のものを見る程度にとどめています。

本当は、ウィンドーショッピングが大好きなんです（笑）。だから、ふだんはいつものお店で定番を買うだけにして、ごくたまにスペシャルなお買いものを楽しむ……とメリハリをつけるようにしたら、欲求が満たされ、余計なものを買う回数も減りました。

置き場所を想定する

家具や家電はもちろん、「バッグに入らない大きさのもの」は、買う前に必ずしっかりと検討期間を挟みます。

出先でよさそうなものを見つけても、衝動的に買うことはほぼありません。欲しいなと思ったらいちばんに「どこに置くか」を考えると、瞬時に**「置くところがない」**＝**「あ、やっぱり必要ないな」**となり、迷う時間が減ります。

何か欲しくなるのは、使っているものが古くなったとか、使いづらい点が出てきて買い替えたいときがほとんどです。

前に使っていたヤカンは全パーツがホーローだったので、お湯を沸かすと取手の部分まで熱々になってしまい、注ぐためにはミトンを使う必要がありました。いちいちミトンを出すのは面倒だなと思い、取手の部分が熱くならないヤカンに買い換えたことがあります。

まずネットでどんなものがあるかチェックして、置き場所は今のヤカンと入れ替えだから大きさはこれくらいで、どんな機能が備わっていたらいいか、見た目はインテリアに馴染むか、値段は……と、条件で絞ってからやっとお店に行き、持った感じや重さ、手触りなどを確認します。

大きいものほどよく目につき、買ってイマイチだったときに後悔する時間が増えます。余計なものを家に入れないことは、時産につながります。

ふらっと立ち寄らない

ふらっと立ち寄った店で、予定していなかったものを買うことは、ほぼなくなりました。

最初からそうだったわけではなく、かつてそういう買い方をしてきて結局たくさんのものを手放し、何度も「全然使わなかったな」と反省したからこそです。

子どもが小さい頃は、休日に暇だからとりあえずショッピングモールに行く、ということもありましたが、繰り返すうちに、お金は減るし、体力は削られるし、フードコートは混んでいるし、買ったものも早々に飽きて使わなくなるし……と、なんだか損ばかりしている気がしてきました。

今はもう**貴重な休日にわざわざ疲れることはせず**、疲れをとるための休息時間にあてています。


日常の買いものでは無駄を省き、ごくたまに、満足感を得るための買いものを楽しんでいます。これは明確に「自分のための時間」と意識できるひとときで、元気の源です。

シンプルライフを長く送っていますが、実は私は買いものが好きなのです。

服は3か月に一度くらい、決まった店に行って、どんなものがあるのかなと見るのが特別な時間です。よく行くのは「ネストローブ」と「シャンブル」で、自分の好きな世界観に浸ってとにかく直感で楽しみます。ユニクロや無印良品も好きで、世の中の流行を感じてリフレッシュしています。

スーパーだと紀伊國屋とか成城石井にわざとふらっと行って、いろいろ見て回るのが楽しいです。お高いのでハーブティーやパンくらいしか買わないことが多いですが、高級スーパーのパトロールは私の密かな趣味です。

周りの目を気にしない

お気に入りの服を少しだけしか持たない暮らしは、お金にも時間にも余裕ができて本当にラクですが、私は周りの目を気にすることを手放したから、気兼ねなく実践できていると思います。

条件に合致したので新しく迎えた、取手が熱くならない「富士ホーロー」のコーヒーポット。

アラサーのある時期に、職場に2パターンを交互に着て通勤するという実験をしましたが、会社の人から「いつも同じ服ですね」と言われたことはありませんでした。私も、同僚や後輩が何を着ているか憶えていませんでした。「実は同じデザインで色違いの服を交互に着ていたんです」とネタばらしをしても、「そういえばマキさんの雰囲気っていつも変わらないなと思っていましたが、まさか毎日交互に着ているとは思わなかったです！」と言われ、**人ってあまり見ていないんだなと思いました。**

友人に久しぶりに会うときも、前に会ったときとかぶらないようにしなきゃという葛藤は潔く捨てていいと思います（写真にバッチリ写っていた場合を除けば）。おそらくお互い何を着ていたか憶えていないし、気にならないのが友人です。何を着ていたかよりも、楽しい時間を過ごしたかどうかのほうがよっぽど重要ですよね。

私たち世代は若い頃に雑誌で「30日着回し特集」を読み、毎日違う装いをしなきゃという思い込みがありますが、今はSDGsの価値観が重視され、取っ替え引っ替えするより、自分に似合う同じ服を堂々と身につける人が「いいね」と共感を集める時代になりました。

気温に合わせて足し引きするくらいでじゅうぶんじゃないかと思います。

２０１６年に『しない家事』という自著で、先ほどの２パターンで通勤している話を書いたら、ファッションの考え方についての取材依頼がかなり舞い込みましたし、読者の方から「それで良かったんだ」というお声がたくさん届きました。

今ではそう珍しい方法でもなくなっているかもしれませんね。


色違いのいいところは、色が違うことで実は毎日同じ服を着ているのがわかりにくいこと。

毎日違うデザインの「黒」を着ると黒の印象が連続しますが、「ネイビーとベージュ」とか「無地とボーダー」とか、「同じ形だけど正反対の色や柄」だと、印象が切り替わります。

あまりビビッドな色だと印象が残りすぎるので、グレー、黒、白などを買ってぐるぐる着回すと快適です。

ボタンのとめ方や丈感、生地の厚さなども同じだから、常にチクチクしない、寒くないなど一定の着心地の良さが保たれるのも大きなメリットです。

下着やアウターとの相性も、着る手順も何もかも一緒で、何も考えずに着られるし、洗濯の仕方も同じです。何もかもがラクなので、ずっと実践しています。

固定観念にとらわれない

年中行事にまつわるものは、自分のことなら「今回は必要ないから買わない」とできても、子どものことになると「行事だから」と買ってあげたくなったり、形式的にいただいたりすることもありますよね。

ですが、今は暮らしが多様化していますから、イベントごとはそれぞれの家庭に合わせた方法で、**そのときの状況に合わせて自由にやればいい**と思います。

うちは子どもふたりが女の子なので、昔の価値観なら「何段もある大きなひな飾り一式を、毎年リビングに飾って」となるのかもしれませんが、ずっと小さなひな人形を飾ってきました。

岡崎順子さんの陶器の雛人形は私の一目惚れで、父が孫へのお祝いにと買ってくれた思い出のもの。飾るたびに嬉しくなります。

この写真のひな人形はもう10年、毎年飾っています。

小さなボックスに入れてしまっているので、手軽に出し入れできます。

クリスマスツリーは、フェイクのもみの木のツリーを持っていたこともありましたが、飾っておく期間よりもしまっておく時間のほうが圧倒的に長く、けっこう収納場所をとるので処分しました。

ここ数年は、お花屋さんで小さな木や枝、緑をその年ごとに選んで飾るスタイルに。ドライになっても楽しめて、クリスマスシーズンを香りとともに盛り上げてくれます。

シンプルなヒムロ杉を1本買って、オーナメントをつけてクリスマス仕様にするなどアレンジが無限大で、毎年とても楽しいイベントになりました。

子どもたちと一緒にツリーの飾り付けをしたり、リースを作ったのも大切な思い出。今は私が好きに選んだアレンジに、子どもたちが「いいね！」と言ってくれます（笑）。いろんなことを、大人になったときに懐かしく思い出してくれるといいなと思います。

お気に入りの花屋さんは、青山フラワーマーケット。写真はフェイジョア、ヒムロ杉、パルプラ、ブルーアイス、コチア、ツインキャンドル、シルバーブルニア。

もののライフサイクルと向き合う

長く使うか、短期間で手放すか

私は昭和58年生まれですが、今子育てをしている世代は、大人から「ものを大切にしなさい」と強く言われた最後の世代かなと思います。

ひとつのものを大切にしなきゃいけない、長く持つことが正解という考えが刷り込まれて育っています。

私たちより若い世代は、育ったのが平成で、生まれたときからファストファッションがあり、100円ショップがあり、ライフサイクルが短いものがあることを知っています。私もその恩恵にあずかっていますし、今やこの価値観なしに生活することも難しいでしょう。

「長く使うもの」と「短期間で処分するもの」を明確にして、それぞれのサイクルをまっとうさせるのが、ものを増やさず、時間も無駄にしないコツだと考えています。

コートやお財布、食器や収納用品などは長く使う前提で、品質の良いものを買って、買い替えは持っているものが傷んだり壊れたりしたときだけに。

持っているときも満足感があるし、手放すときもメルカリだったり人に譲ったりすれば喜ばれます。大切に使って、次の人に譲れたら、よかったなと思えます。

一方で、ファストファッションや100円ショップでは、**少しだけ買い、使い倒して処分**してもいいと思います。消耗品として最初から決めておけばスムーズに手放せます。

おもちゃであれば、長く遊べる上質な素材のものは数年大切に持ち、今だけ遊ぶものと割り切ったおもちゃはどんどん譲っていくと、量を一定に保てます。

きょうだいがいる場合、服もおもちゃも、下の子へのお下がりは長く使える品質の良いものだけに限定します。

Tシャツや下着など毎日着る服は黄ばみも出るのでとっておかず、年月を経ても状態がきれいな上質なお下がりだけとっておくといいと思います。

注意しないといけないのは、安さに惹かれて買うことです。安いことを理由に買ったものは使うときになんとなくテンションが上がらず、早々に飽きたり壊れたりして手放すことになりがちです。本当に良いと思って買ったものは満足感があり、使い終わったあと人に譲ることもできます。

「メルカリ」を使うと手放す速度がアップ

フリマアプリの「メルカリ」が浸透したことで、手放すのが本当にラクになりました。

不要になったものを、今それが必要な人に譲れるというのは画期的です。感謝までしていただき、こちらこそお役に立ててうれしいという気持ちになります。

私が利用しはじめたのは２０１６年頃で、子どものフォーマルワンピースなど何回かしか着ないものをいい状態のまま譲っていただき、その後またメルカリでお譲りしました。アプリの使い勝手がどんどん良くなっていき、新しく始めるハードルも下がっていると思います。

慣れるまでは大変かもしれませんが、友人に譲るときのように洗濯したりきれいに整えて、親戚に荷物を送るときのように梱包して発送すれば良いので、気負わなくても大丈夫です。

出品するときは一気にまとめてこなすと、発送時期も集中するのでラクです。「不要なものを引き取っていただいた」という感覚を大切にし、決して大きな利益を得ようとしないことがポイントのような気がしています。

不要なものが家の外に出ていくのは、ものをコントロールできているという自信につながります。

私は**「在庫が減る」感覚**が好きで、何かが売れたときに梱包用にとっておいたデパートの紙袋が1つ減るのもうれしく感じます。

捨てなくて良かったと罪悪感もなくなるし、多少なりとも利益が出ます。得られたお金で読みたかった本を買うことが、やる気につながっています。

メルカリでは、靴はナイキだったり、水筒はサーモスだったり、品質が信頼されているブランドのものが人気と知り、買いものの際にノーブランドの安さばかりに目を向けずに満足度の高いものを選ぶことにもつながりました。

買う側としても、ノースフェイスやミキハウスなど、高いブランドの安くきれいな中古品を買えるのでお得です。ピアノの発表会で1回履いただけのファミリアの靴など、かなり良心的な価格で譲っていただきました。

ノースフェイスのアウター（右上）は袖を折り返して3年は着られるデザインなので、少し高くても投資する価値があると思っています。オフシーズンに次女の好きなミントグリーン色のものがメルカリで買えました。キーワード登録しておくと、新しい出品があると通知が来ます。

家族みんなで、シンプルライフ

何か増やすなら、何か手放す

「お気に入りだけに囲まれた暮らし」は、家族みんなでシェアすると、ひとりの時間も、家族の時間も増やせます。

それぞれが「ここに入るだけ持つ」を守ることが大切です。

子どもが小学生になるときに獲得した「自分スペース」は、「そこからものがはみ出さないように自分で量をコントロールする」というルールがセットでした。

お気に入りをどんどんそこに置いていくと、やがていっぱいになります。

「○○が欲しい」と言ってきたら、「買ってもいいけど、どこ置く予定？」というやりとりを何度も繰り返してきました。

左の机と真ん中のオープンラック上２段が長女の、右の机とラック下２段が次女のスペース。「ここに入るだけ」がルール。机は「堀田木工所」のカルロシリーズでパーツを組み合わせたもので、中央のオープンラックはニトリで購入。

欲しいものがあったら、買う前に置き場を想像する訓練です。手放してもよさそうなものがあるかないか、思い出せなかったらいったん買わずに家に帰って考えます。

だんだん、じゃあ買わなくてもいいかと気持ちが変化するように。今ではやみくもにものを欲しがらなくなり、おもちゃや本が増えて棚からはみ出しそうになったら、使っていないものを手放せるようになりました。

ここに至るまでに何年もかかりましたし、最初は本当に苦戦しました。

何度も何度も自分スペースのものの入れ替えを行ううちに、今必要なもののが何か、自分のお気に入りは何かを判断する感覚が育ってきたようです。

学校の机やロッカーも、会社のデスクも、自分のスペースは限られています。ひとり暮らしするとしたら、すごく狭い部屋に住むことになるかもしれません。ものが増えたから収納ケースを買おう、収納ケースで家がいっぱいになってきたから引っ越そう、なんてしていたらお金がどれだけあっても足りません。「狭いスペースに入るだけ持つ」ことが身につけば、お金の無駄遣いも減りますし、社会に出て困ることも減るような気がしています。

「片付け力」は急がば回れ

ものを減らしても、片付けができなかったら結局探しものに時間がとられます。でも、はじめから片付けができる子はいません。

長女は小学生になったばかりの頃、いつもあれがない、これがないと探しものをしていました。使ったものを元に戻せないから、いつも机の周りがものでいっぱいだったのです。

私自身は憧れの机を買ってもらったうれしさで、机の整理整頓が好きになりました。だから、成長とともに自然と片付けができるようになるのかと思っていたのですが、長女の困っている姿を目の当たりにして、**子どもは教えなければ「おかたづけ」の概念を習得できない**んだと気づきました。


「おかたづけ」が何かを教えるため、まず私がものをしまっていた場所に戻して、これが「おかたづけ」だと伝えることから始めました。

幼児の頃から声をかけて一緒に片付けができていたら、こんなことをしなくてもすんだのかもしれませんが、出しっぱなしにしていたら「これはどこに入っていたの?」と声をかけて、元に戻す意識づけを繰り返しました。文字にしたら簡単ですが、実際には気が遠くなるようなコミュニケーションの日々でした。

子どもは大人がふだん当たり前のように使っている言葉の本当の意味がよくわからないことがあります。口で説明するだけでなく実際にやりながら伝えると、覚えるのも早くなると思います。

「おかたづけ」を理解できたら、次は自分ひとりでできるようになるまで見守りながら声かけを続けます。最後は自分で考えて工夫し続けないといけないので、まずは好きにやらせてみます。

はじめからうまくはいかないので、困っていそうだったらこうしてみたらとか、こういうグッズがあるよとか、子どもの性格に合わせてアドバイスします。

長女は夢中になると道具をわーっと出して広げる無意識タイプで、しまうことまでは考えていません。

マイペースで雑然とした状態でも気にならず、なかなか片付けスイッチが入らないのですが、「これはここにこんなふうに入れて片付けたら」と具体的に指示すれば素直に従うタイプです。

一方、次女は直接的に言うと「今やろうと思ってたのに先に言われたからやる気なくなった」などと反発するタイプなので、片付けという言葉をあえて出さず、「これ、置いてあるけど、どこにしまう予定？」とふんわり指摘。

もともと自分で収納場所を決めているので、その場所にさっと戻して片付けがすぐ終わります。

「片付け力」と成長のイメージ

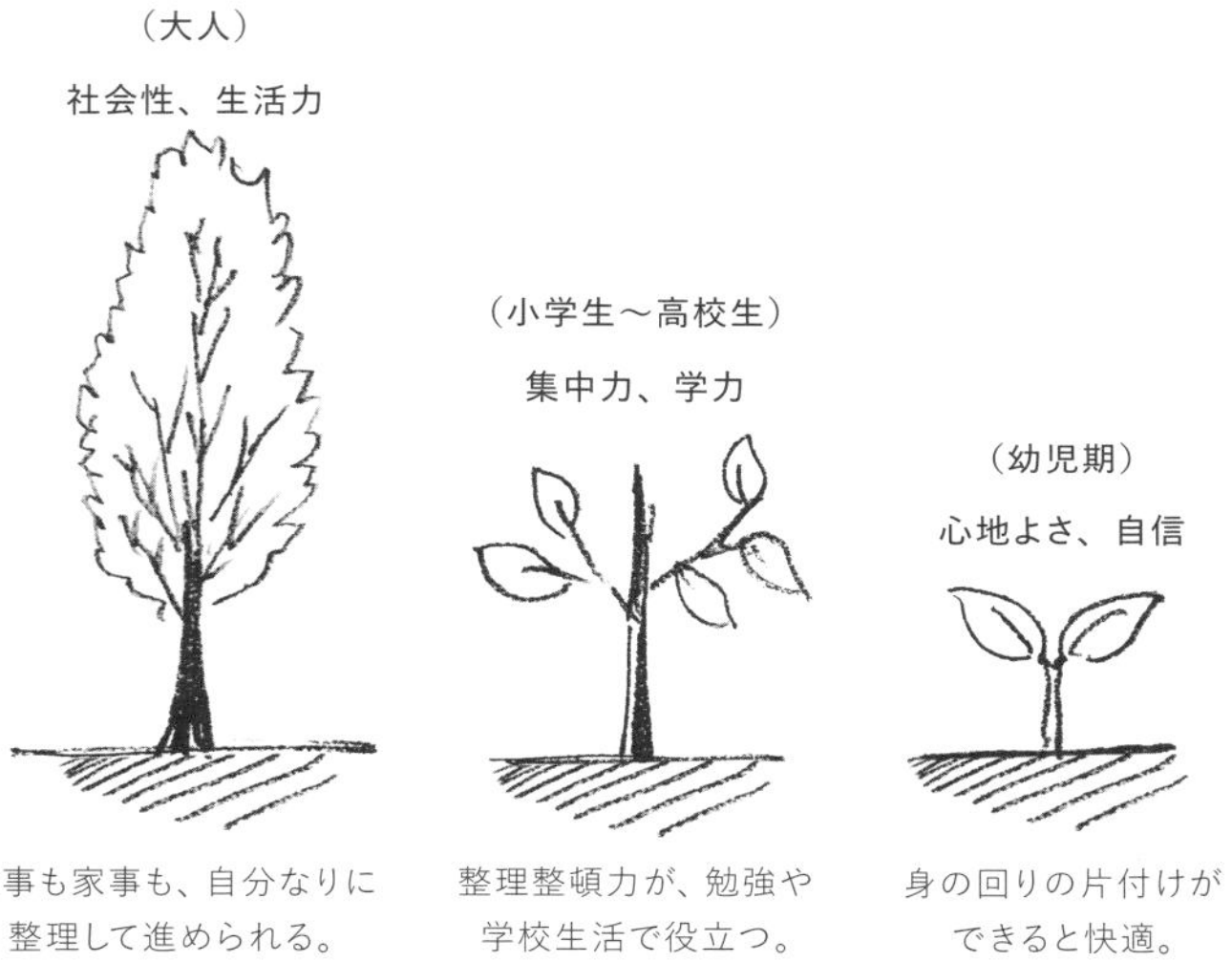
（大人）
社会性、生活力
（小学生〜高校生）
集中力、学力
（幼児期）
心地よさ、自信
仕事も家事も、自分なりに
整理して進められる。
整理整頓力が、勉強や
学校生活で役立つ。
身の回りの片付けが
できると快適。

もちろん1回では伝わらないので、何回も、何百回も声かけし、やり終えるまで根気強く見守ること約5年。ようやく机は片付けるものだと思ってもらえるようになりました。できていない日もありますが……（苦笑）。

今はできなくてもいつかできるようになると信じ、「すっきりして気持ちがいい」「やりたいことにすぐに取りかかれる」という片付けのメリットを諦めずに根気強く伝えてきて本当によかったと思います。

子どもたち自身も、探しものをする時間が減って、楽しい時間に充てて時産しています。「自分で片付けができないほどたくさんのものを持て余すと、貴重な時間を奪われてしまう」ということも実感しているでしょう。

身の回りの片付けができると、学校の提出物がきちんと出せたり、誰かと共同で使うスペースを気持ちよく使えたり、社会生活にも役立つはずです。

就寝前の片付けルーティン

料理をしたらお鍋やお皿を洗って片付けるまでがゴールなのと同じで、道具を使ったら片付けるまでがゴールだと子どもたちに伝えています。

すぐできないときも、いつまでも散らかった状態にしていたら片付けが大変になるので、わが家では自分スペースの片付けを寝る前のルーティンにしています。

長女は持久力タイプでいろいろ考え、納得しながらゆっくり、次女は集中力タイプでスイッチが入ったらスピーディに終わらせます。

それぞれのペースがあるので、長女を置いて次女と私は先に寝室へ行って寝ることが多いです。

「片付けなさい」と言ったとき、リビングやダイニングが大人のもので散らかっていたら説得力がないので注意です。床に何もないと、おもちゃがひとつ落ちているだけですごく目立つので、「片付けなきゃいけないな」と自然と理解できます。

ふたりとも小学生のうちは、日曜日の夜にも1週間の区切りとして家族みんなで片付けをする時間を設けていました。

私は主にキッチンやワークスペース、夫はリビングや家電周りなど、各自気になるところを10分ほどお片付け。子どもの片付けをサポートすることもありました。

いったんリセットしてから次の1週間を迎えると、気持ちの良いスタートダッシュをきれます。

また、家の中が片付いていることは防災面でも望ましいことで、命を守ることにもつながります。寝る前の片付けは、**安心して眠るための習慣**でもあります。

「自分スペースの片付け」は夜寝る前のルーティン。

おもちゃの1軍は交代制

子どもにとっておもちゃは、情操面でも大切な存在です。興味の広がりとともに欲しいものも出てくるし、お誕生日やクリスマスにいただくものもあって、量は自然と増えていきます。

でもやっぱり、たくさんあると片付けるのに時間がかかるんですよね。おもちゃを半分にすれば片付ける時間も半分ですむので、私は時産のため、リビングに置くおもちゃを半分の量にして、交代制にしていました。

子どもが遊んでいるのを見ていると、今、何のおもちゃがブームかわかるので、ブーム中の1軍だけをリビングのおもちゃコーナーに置いておきます。遊んでいないおもちゃは2軍チームとして、目の届かない寝室のクローゼットで待機。手元のおもちゃが少ないとひとつにかける時間が濃密になり飽きるのも早いので、飽きた頃にしまっておいたおもちゃを出します。だいたい3か月が目安です。

隠していたものを出すだけで子どもは新鮮さを感じるので、新しいおもちゃを買う頻度も減り、お金の節約にもなったし、全体的におもちゃの片付けに振り回される時間が減ったと思います。

1軍置き場も2軍の待機場所もいっぱいになったら処分のタイミングですが、選り分けは子どもと一緒にすると案外はかどります。**子どもは常に前を見てあまり振り返らず、ブームも長く続かない**ので、「これはまだ使ってる？　もう飽きちゃった？」と聞くと「もう使わない」と言ったりします。

ある時期にドンピシャでハマり、その年齢を過ぎると急激に遊ばなくなるようなおもちゃはけっこうあって、親戚の誰々にあげようかとか、次に使ってくれる子に譲るねと言うと快諾します。飲食店のおまけでもらうようなおもちゃは短い期間で処分します。

シルバニアファミリーや木製のままごとセットは、アイテムを追加購入するだけでいつまでも新鮮に遊べて、長い年月遊んだあとは親戚に譲りました。

今はおもちゃの数も減り、次女が遊ぶレゴブロックくらいです。ものを増やしたくなかったので、私はおもちゃを買わないようにし、誕生日には傘や長靴、お財布やポーチなど実用的なものをプレゼントしてきました。子どもたちは夫が買い与えたものや、祖父母にいただいたものを大事に使っています。

長く遊び続けているレゴブロックは、ざっくり仕分けして無印良品の取手つきケースに。スタッキングもできる。

あるとき次女の意思でリビングから待機場所に行くことになった、ぬいぐるみコレクション。動物園に行くたびに新しい仲間が増えます。ポンポン入れることができるかごにひとまとめにすると、元に戻しやすい。

わが家の子どもスペース紹介

収納の仕方は子ども自身の方法にまかせています。困っていそうだったら「こんな感じはどう？」とアドバイスしますが、基本的に**決めるのは子ども自身**。

長女は同世代YouTuberが動画で紹介していた収納アイデアを真似してみたり、次女は100円ショップのグッズを積極的に利用したり、ちょこちょこアップデートしています。

子どもが身の回りの片付けを身につけると、家族みんなで時産できます。

＼ 長女のデスク ／

空間に余裕があり、白い小物で統一感。ショーケースはニトリで購入。目に優しいLEDデスクライト（オカムラの「プレール」）は、左利きなので右に配置。ぬいぐるみは13年間大切にしているもの。

＼ 次女のデスク ／

教科ごとにファイリングし、ペンも取り出しやすく。時間管理が得意なので時計とタイマーをよく見える位置に。図工の時間に作った作品を一定期間ディスプレイ。地球儀はアプリと連動して学習できる。

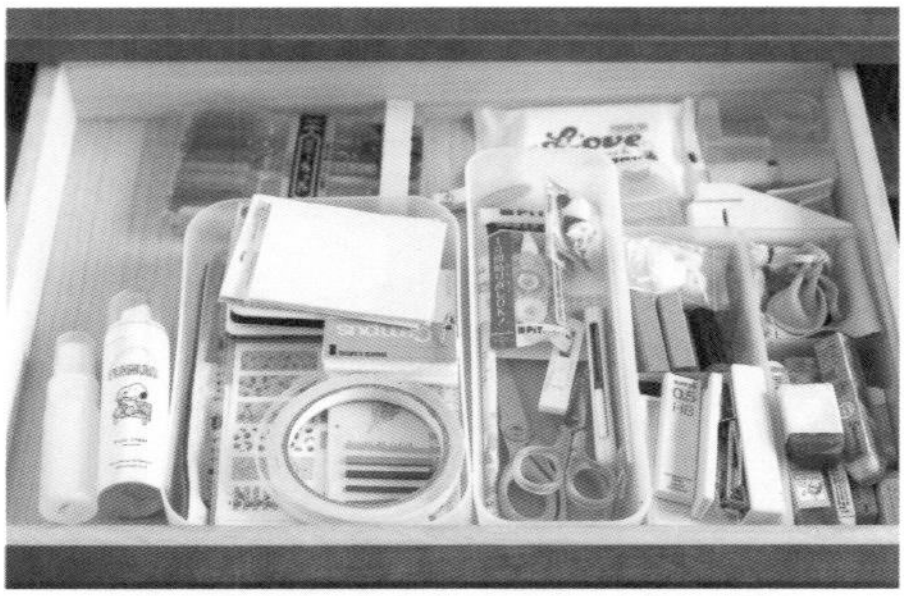

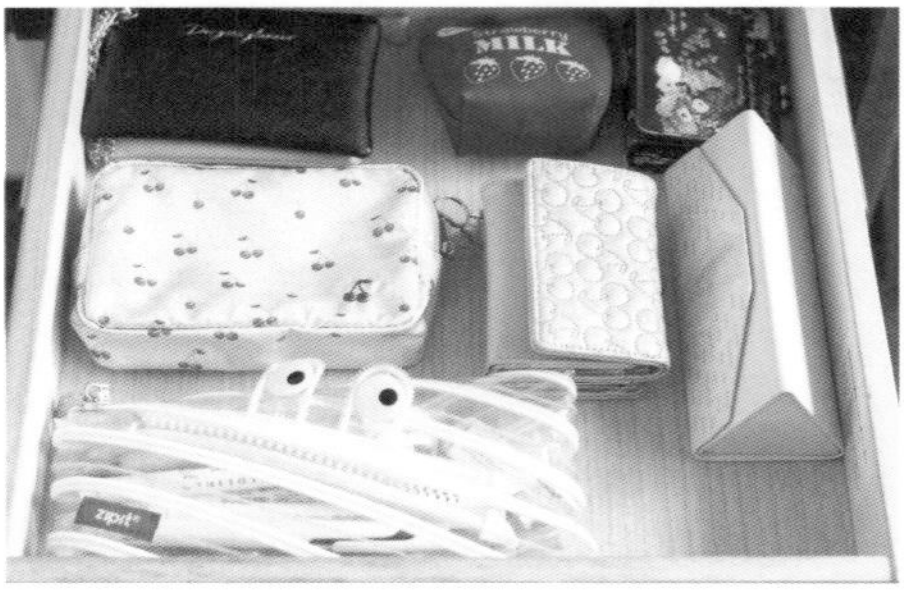

長女の引き出し

100円ショップの仕切りボックスやポーチを使って分類。詰め込みすぎず、全体が見渡せるように収納。私が誕生日に買ってあげるのはこうしたポーチなどにしています。

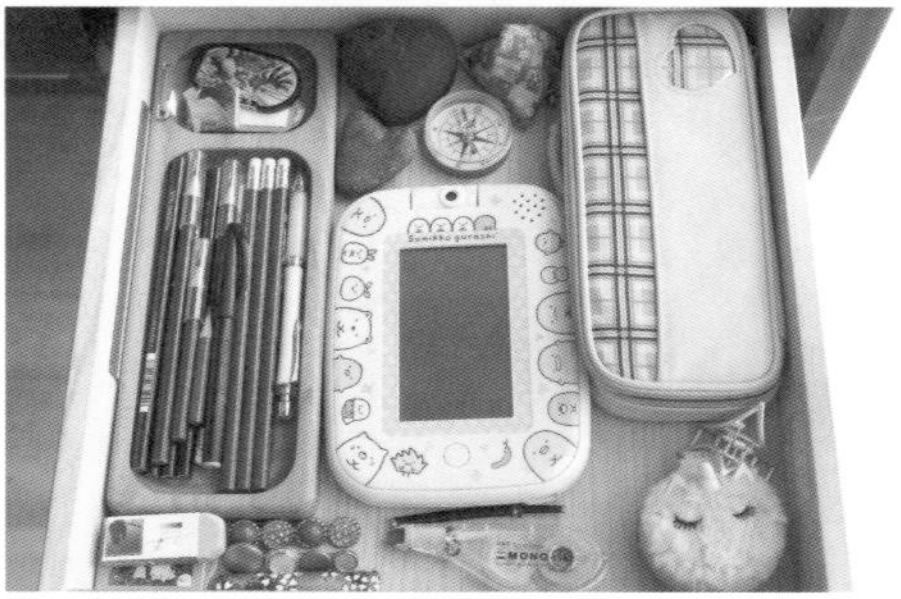

次女の引き出し

文房具やおもちゃ、クリスマスプレゼントのすみっコぐらしの学習ゲーム機（計算と漢字）、電子辞書などがパズルのように収まった引き出し。鉱石のコレクションは次女と夫の共通の趣味。

\ 姉妹共有のオープンラック /

オープンラックはパッと見渡せるので探す時間をとられず、元の場所に戻しやすいので、引き出しやボックスに入れるより子どもに合っていると思います。こんなふうにきれいに片付くまで、「物を積み上げない」という約束で、何度もものの見直しもしました。子ども自身が把握できるものを置く場所なので、使用頻度がかなり低いけれどまだ捨てられないものは、親が管理する場所に移しています。

【上2段】長女のスペース。私服用のバッグや予備のポーチ、部活の荷物を上の段に。手が届きやすい段に教科書や学習ファイル、イヤホンや充電器、配線コードなどよく使うものを。無印良品のケースにはティッシュやハンカチなど衛生用品を収納。

【下2段】次女のスペース。手が届きやすい段はおもちゃスペース。今はほぼレゴブロック。下の段に教科書と絵の具セットなどの学用品、習いごとのバッグなど。無印良品のケースにはバッグ類を収納。

私の子ども時代の部屋

子どもの頃愛読していた「ティーンの部屋」1996年7月号に掲載された、当時小学6年生の私の部屋です。ブルーのファブリックを母にお願いして縫ってもらい、インテリアを楽しんでいました。母によると小学生の頃の私は「いつも机に座って引き出しの中をちょこちょこ整理していた」そうです（笑）。

ものを手放すときのコツ

今使っているものだけあればいい

処分するかどうかの基準を「今使っているもの」にすれば、家はどんどんすっきりします。

家の中には「今使っているもの」のほかに、「過去に使ったけれど今は使わなくなったもの」と「今は使っていないけれど将来使うかもしれないもの」があり、現在・過去・未来に必要なものが共存している状態だと思います。

基本的には「今使っているものだけで生きていける」と信じて大丈夫。むしろそれ以外のものは、**今の暮らしを邪魔していて、お荷物になっている**ものです。

過去のものは、壊れているとか賞味期限が切れているものから捨てて、譲れるものはどうやって譲るかを検討して処分しましょう。

未来に使うかもしれないけれど今使っていないものは、手放しても、今の時代であれば必要になったときにまた手に入ります。いざ使うとなってから探したら、より良い性能のものが世に出ている確率が高いですし、たとえば洗濯機のホースを捨ててしまっても、意外にフリマサイトで誰かが売っていたり、メーカーに連絡したら取り寄せられたりします。

二度と手に入らないアンティークや思い出のものは手放せないと思うので、それらを大切に飾ったり保管するためにも、また手に入る量販品は処分しましょう。

お気に入りベスト3を決める

今使っているものでも数がたくさんあったら、お気に入りの順位をつけてみると、手放すことができます。

コップが10個あったら、お気に入りベスト3、自分にとっての金銀銅はどれか？　と考えてみます。いざやってみると意外と選べるもので、3つ選んだら、あとの7個は別になくても生きる上では困らないなと気づきます。

選んだ理由として、軽いから、容量がちょうどいいから、色が好きだから、など好きな点が出てくるはず。

選ばなかったものは、デザインが好きじゃない、底がざらざらしていてテーブルを傷つけるからコースターが必要になるなど、使わない理由が浮かびます。

理由が明確になると、次に買うときの精度が上がり、買いもの上手になって、お気に入りのものだけに囲まれやすくなる好循環が生まれます。

ペンでも化粧品でも、常に3つ選ぶならどれ？　1つに絞るなら？　と厳選するうちに、私はこういう視点で選んでいるんだな、こういうものが好きなんだなと基準がはっきりしてきます。

家中をお気に入りだけにするのに2〜3年かかったとしても、人生80年、100年あると思うと、**この先40年、50年をものに振り回されずに過ごせる**ので、トータルの時産効果は絶大です。

まずはこれから！　減らすとすっきりするもの

・賞味期限切れの食材

冷蔵庫、パントリーの賞味期限が過ぎているものは処分しましょう。基準が明確だから、迷わずに判断しやすいはず。

処分しながら、ドレッシングは買っても味に飽きて最後まで使いきれないから手作りにしようかな、など改善案が浮かんでくると思います。

・無料でもらったもの

割り箸、紙袋、ビニール袋、ティッシュなど、無料でもらうものは増えがちです。一度、思い切って捨てて、袋類はエコバッグを持ち歩いてなるべくもらわないようにする、いただいたものはなるべく早く使い切ると決めると増えません。

親が断るようにしていると、子どもも同じようにするので家全体で増えません。

・旅行先のお土産

旅行中はついつい何か買ってしまいますが、ぬいぐるみや置きもの、キーホルダーなどは、旅の気分が冷めたあとに心の距離ができることがあります。子どもが小さいうちは、「ひとつだけね」など数を限定していました。

今は旅行先で買うなら食べものにしています。写真や動画を撮って残すのがいちばんの思い出なので、そこは力を入れています。

ふだんは家や近所で過ごすことが多いですが、長期休みに旅行するのがわが家の楽しみ。旅の写真を見るとそのときの気分がよみがえります。

・読まなくなった雑誌や本

本好きの人でも、何度も読みかえす本というのはそんなにたくさんないと思います。本があふれていたら読み返したい本もすぐに探せず、他の本に注意が向いて余計な時間が発生したり、結局読まなかったりします。

今は絶版の本でもメルカリで買えたりもしますし、電子書籍や図書館もあるので、絶対に家に置いておかないといけないわけでもなくなってきています。私は今読んでいる本と、何度も読み返すと決めている本だけ持つようにしています。

・使っていない家電

使うと思って買ったけど使っていない、自分の中でブームが去って使わなくなった家電が、家のそこそこいい場所に置いてあるのはもったいない。

他のものを置けば動線が改善するかもしれないし、見るたびに「使わなきゃなあ」とぐるぐる考える時間ももったいないです。

・似合わなくなった流行の服

昔は似合っていたけれど、今は髪型やメイクも変化してなんとなく似合わないということはよくあると思います。

いつか着るかもしれないとしまっておくと、それを見るたびに「ああ、これはあのときの服で、いつか……」と思いを巡らせる時間も生まれます。

今の自分にぴったりの服だけがあるクローゼットにしましょう!

COLUMN

1

春は年に一度の大整理にぴったり

子どもが進学・進級する前の春休みは、大規模なものの見直しや部屋のレイアウト変更などにぴったりのタイミングです。

わが家では年に一度の大整理の日を決めて、教科書や学用品からおもちゃやこまごましたものにいたるまで見直す一大イベントを開きます。

高学年になると自分ひとりでできるようになりましたが、低学年のうちは大人がすべての文具や本を床に出し、隣で「これはいる？　いらない？」と訊きまくりました。学年が上がる＝少しお兄さんお姉さんになるので、「じゃあこの絵本はもういらないか」「このおもちゃでもう遊ばないかな？　もうちょっとお姉さんっぽいので遊ぶかな？」と訊くと、本人が前向きな気持ちで取捨選択できます。

大人は、子どもの判断にNOと言わないようにだけ気をつけます。
「いる・いらない」の選別が終わったら、いるものだけを机や棚に一緒に戻します。この整理の目的は、要・不要の判断力を鍛えること。毎年こうして練習を積み重ねていけば、自立したときに不要なものを捨てられるかなと期待を込めて実施しています。

子どもが学校から持ち帰ってくる図画工作の作品は、その都度作ったときの苦労や工夫したところをていねいに聞いてあげることを心がけています。作品を作った思い出を大切にしてほしいと思っているので「この部分、器用に作れたね」「この色、キレイに出たね」と具体的に褒めるように意識しています。子どもが気に入ったものは家でも思いっきり遊ばせたり、棚に飾ってしばらく鑑賞したりします。

一度、とにかくすべて床に広げて、「いるもの、いらないもの」を分けることからはじめます。

親から見て力作だなあと感心するものや、すごく好きだなと思った作品は、ぜひご自身のためにとっておいてください。子どものためにとっておくとか、大きくなったときに「こんなの描いていたんだよ」と自慢げに見せるのは、子どもからするとほぼ記憶になくピンときません（私がそうでした）。子どもは、常に前を見て生きています。

かわいかった頃を思い出すために私がとっておきたいものを老後の楽しみに選り分けておいて、それ以外は処分しています。学年ごとにファイリングしておくと、見返しやすいです。

春休みは、机回りやおもちゃの収納場所を見直すいい機会になります。もちろん、夏休みや冬休みでもいいと思います！　ぜひそういう片付け祭りを開催して、親子で楽しんでください。

遊べるものは家でもたっぷり遊んで処分。絵画作品は1年分をファイルに入れて学年ごとに保管。中学生になるとぱったりなくなってかなり寂しい。こういった作品は小学校までですね。

3

料理は最大の時産チャンス

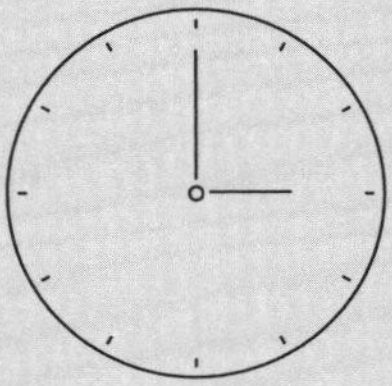

料理の手間を省いて、幸せ時間を増やす

家庭料理はもっと気楽でいい

私はもともと料理が苦手で、独身時代は外食やコンビニ食中心でした。結婚して子どもが生まれ、家でごはんを作ることになった当初は、主婦雑誌に掲載されているレシピを見ながら、かなりの時間と手間をかけていました。

当時は「スピード簡単レシピ」が少なく、お店で出てくるような料理ばかりで、調理の工程が多く使う調味料も複雑、食卓に出す頃にはどっと疲れていました。

子育て中で時間がないのに、理想の主婦像に近づくために自分で自分の首を絞める日々……。

あるときふと、「家庭料理ってもっと気楽でいいのでは⁉」と思いました。

調理法や味付けを自分がやりやすいものにパターン化したり、時間があるときにまとめて野菜の下準備（洗う・切る・茹でる）をすませておく「半調理」（P116で紹介）を考えたり、とことんシンプルにすることに注力したのです。

料理に自信がないうちは、常に何かが「足りない」気がして、技術も食材も味付けも「プラス」していましたが、**「いろいろやらなくても最終的に胃袋に入れたら栄養素は同じ」**と割り切ることもできて、どんどん不要な工程を省きました。

工程がシンプルになると苦手意識も薄まり、心の負担も軽減され、自分が食べたいと思う料理を楽しんで作れるように。家事時間において最もウエイトが大きいのが料理の時間なので、大改革したことで大きな時産につながりました。

子どもたちが、手がかかり目も離せない乳幼児期を過ぎて、小学生になってからも、夕方はコミュニケーションを優先したい時間帯です。

ごはん作りばかりに頭を使わず、手だけ動かして子どもの話を聞きながらでも晩ごはんが作れるようになったので、「お母さん忙しいから、今は無理！」と言わないですむようになりました。

工程ごとに時間を見直す

1章でも触れましたが、料理にかかる時間を分解してみると、①献立を考える（レシピを検索する）時間→②買いものの時間→③調理時間→④食べる時間→⑤洗いもの・片付けの時間と、5工程あります。

毎食①～⑤をていねいにしていたら時間がいくらあっても足りません。昔の私のように④食べる以外をぜんぶ省いて外食やテイクアウトにすれば手っ取り早く「時短」できますが、今の私は「時産」で和やかに食卓を囲む時間を作りたいので、「家族にラクしてることがバレないような料理を作る」ことを追求しました。

私が省いたり時短したりしたことを紹介します。

①献立を考える（レシピを検索する）時間→【省く】

スマホでレシピを検索していたら時間があっという間に過ぎるわりに、そこにどれだけ時間をかけても、おいしさや家族の反応は変わりませんでした。

平日の晩ごはんの定番は、白ごはんと味噌汁、フライパン調理の主菜と火を使わない副菜。おかずは大皿で出し家族でシェアします。

インターネットで見つけるレシピは毎回調味料がバラバラで、家にあるもので揃わないのもプチストレスでした。

誰かのレシピに頼るのをやめ、晩ごはんには「白ごはん」と「お味噌汁」を用意して、おかずはフライパンで焼くか炒めるかして、定番調味料で味見をしながら調味すると決めたら、スマホを触ることなく身体が動き、以前より調理に集中できるようになりました。

毎日の食事は、料理名があるものではなく**「名もない料理」でいい**んです。

それが家庭料理で、だからこそたまに外で食べるオムライスやロースカツがおいしく感じられるのです。

②買いものの時間↓【省く】

週に1度の食材の宅配サービスを利用することで、スーパーに買いものに行く時間をなくしています。私は農家育ちで、新鮮で味の濃い野菜が食べたくなるので、野菜がおいしい生協の「生活クラブ」を7年ほど利用しています。調味料や、洗剤なども買えるので、あらゆる買いものの頻度が減りました。

以前は子ども連れでスーパーに行くのが地味に大変でした。成分表示を見比べたくても子どもがいるとできず、どれがベストか判断がしづらい。つい目に入ってしまう新商品の誘惑もあるし、子どもにねだられたものを断るのも人の目が気になる。1週間分をまとめて買うとかなりの重量で、夫とふたりがかりでした。

宅配サービスを利用してみると、計画的に注文して予定通り納品されるのが自分の性格に合っているし、子どもと一緒にカタログを見て何かねだられても、安全なものがセレクトされているので安心して買ってあげられるのもノーストレス。スーパーで買い足すことになっても軽い荷物ですみます。**手がちぎれそうにな**

週に一度届く量。毎週買うものをある程度決めておくと冷蔵庫にしまう場所も決まるし、買い忘れもなく、支出の変動も少ない。

るぐらい重いものを運ぶことから解放されて、スーパーにたまに買い足しに行くのが楽しくなりました。

　宅配サービスでもスーパーでも、「定番の食材」を決めていつもそれだけ買うようにすれば、迷う時間や探す時間が省けます。

　わが家では、卵、豆腐、加工肉、チーズ、ヨーグルト、葉野菜、薄切り肉、魚の切り身……といった、「調理工程が少なくて自分にとって扱いやすい食材」を意識して買い続けることで、毎日の献立作りがスムーズになりました。

③調理時間→【短縮】

平日の晩ごはん作りはパターン化しているので、「白ごはんを土鍋で炊く」「だしパックを使ってお味噌汁を作る」「フライパンで焼くか炒めるかして主菜を作る」そして「火を使わない手軽な副菜を用意する」だけ。

毎日「お米を研ぐ」工程からはじまり、研いでいるうちに晩ごはん作りのスイッチが入って、「今日はこんな手順で進めよう」と決めることが多いです。

主菜は、火の通りやすい薄切り肉や葉野菜を使うと時短になるし、旬の野菜を使えばシンプルに炒めるだけでおいしい一品になります。

フライパン調理と味付けが料理の醍醐味だと感じているので、毎日のことでもやりがいがあり、苦にならず楽しめます。

一方で、野菜の皮をむいたり洗ったり、茹でる行為は地味に時間がかかるので、空き時間にまとめてやっておくことで毎回の料理のストレスを軽減していますす（半調理／P116）。

また、角煮や肉じゃがなどの煮物や、カレーやシチューのような煮込み料理など手間がかかる調理法は休日限定で、平日は作りません。

平日の晩ごはんの主菜はフライパンひとつで作る。副菜は半調理して保存容器に入れておいた野菜に味付けをして、そのまま食卓へ。

平日の晩ごはんのために**実際に手を動かす調理時間は10分ほど**です。

朝ごはんは、白ごはんかパンに、納豆やジャムなど「のっけるもの」、味噌汁かヨーグルト、野菜やフルーツを用意するだけなので、5分で出せます。

子どもに持たせるお弁当は、卵焼きと揚げ焼きしたメインのおかずだけは火を使い、あとは手間のかからない野菜をつめて10分で用意。

122ページから、わが家のふだんの朝ごはん、お弁当、晩ごはんについて詳しくご紹介します。

④食べる時間→【増やす】

私が「キッチンに立つ時間はできるだけ短く」をモットーに時産しているのは、家族との団らんの時間を長くしたいからです。

料理に時間を使いすぎると、食べるときには疲れきって、会話をする余力もなく楽しい時間が過ごせません。私は家族の中では聞き役で、子どもや夫が次々に話すトピックに「へ〜、すごいね!!」「そんなことがあったの!?」ときちんと心を動かしたいので、焦りや疲れがない、穏やかな気持ちでダイニングテーブルに座ることを心がけています。

作業が少ないとわかっていると、「いやだな」「面倒くさいな」という気持ちもなく気楽に調理できるため、気持ちよい達成感とともに食卓につけます。

⑤洗いもの・片付けの時間→【短縮】

洗いものを減らすコツは、まな板と包丁の出番を極力減らす、複雑なキッチンツールを使わない、大皿で出す、副菜は保存容器のまま食卓に出す、などです。

いつもの晩ごはんの洗いものは、ごはんを炊いた土鍋と味噌汁を作った鍋、フライパン、大皿1枚、人数分の小皿・茶碗・汁椀・箸くらいです。

鍋や食器の形状も、ひっかかりのないつるんとしたフォルムだと洗うのも水切れも早いです。ちょっとしたことですが、ストレスがなくなります。

子どもが大きくなるにつれ、ひとり時間が増えるけれど、晩ごはんはずっと変わらず大切な家族のコミュニケーション時間。

使う調理道具と食器を厳選した結果、毎晩の洗いものはこれだけ。さっと手洗いして水切りしたら、まとめて布巾で拭きます。

ゴールを明確にして最短ルートを目指す

「元気で健康な身体」のための料理

今の私にとって料理のゴールは、「元気で健康な身体を作ること」です。

ゴールを明確にすると、何が必要で何が不要かわかり、作業工程の見直しがスムーズに行えます。

料理が苦手だなと思っていた頃の私が目指していたゴールは、「ファミレスや定食屋のようなバラエティに富んだメニューが出てくる食卓」でした。

毎日違う料理を作るのにかなりの労力を要し、せっかく頑張って作っても、子どもにも苦手な食材やその日の気分があり、特に初めて見る食材は一口しか食べてくれず、残されることも多々ありました。

生まれたときからふたりとも少食だったこともあり、まずは子どもたちが食べ慣れているものを作るのが、健康への近道だと思い直しました。

背伸びせず、大きく外すこともなく、だいたい家族みんなが食べられる。いつも似たり寄ったりだけど、そのときどきで安くて栄養のある旬の食材を使うから、毎日少しずつ違う。そんな食卓に変わりました。

毎日ほぼ同じパターンで作ることになったので、作業がどんどん手早くなり、私自身も疲れず、家族を待たせることもなくなりました。

料理が目立ったり、作った私に光が当たったりしなくていいと思っています。ほっとできる食卓で自然に生まれる会話に混ざることが、私の1日の楽しみです。

「元気で健康な身体を作る」料理においては、**「消化のしやすさ」が重要**だと実感しています。

健康でい続けるために、決まった時間に消化のいいものを食べ、毎日ぐっすり寝て疲れをとり、寝覚めよく元気に活動できるのがベストです。

子どもが小さいうちは消化器系の内臓が不安定なことも多いので、こってりしたものは避けていました。大きくなった今も油のこってりしたものはあまり好きではありません。大人になってからも、脂質を過剰摂取しないヘルシーな選択ができたら、健康維持にもつながるのではと思っています。

味を褒められなくてもいいし、時短料理に罪悪感を持たなくてもいい

私は料理のゴールを「健康」と決めたことで、豪華なものを作って褒めてもらうとか、家族の好物を作って喜んでもらうことを目指さなくてもよくなりました。「いかにラクして家族にバレずに、そこそこの健康的な料理を作るか」に情熱を注いでいるので、「時短料理で悪いな」と罪悪感を感じることもありません。

手早く、消化のいいものを食卓に出せた時点で、もう満点です。

味の感想は副産物程度。味よりも、枝豆から栄養の話になったり、とうもろこしから産地の話になったり、サンマから今の海の状況の話に広がったりするほう

が私も楽しいし、学校の勉強の役に立つこともあると思います。

親が「おいしいね〜」とニコニコして食べていたら、子どもも「そんなにおいしいんだ」と良い先入観をもって口にするので、よりおいしく感じられるということもありそうです。

子どもの好き嫌いはいっときで、長い年月をかけて変化することもあるので、今はたんたんと、旬の野菜や魚をシンプルな調理法で食卓に出して、自分がそれをおいしくいただくことが、私にできることかなと思っています。

食材を使い切れたときに上がる自己肯定感

料理のサブ的なゴールとして、「冷蔵庫にある食材を使い切ること」も、日々目指しています。

傷みそうだったニラを救えたときや、ドレッシングを最後まで使い切ったとき、大きな達成感が得られます。

野菜がしなしなになる前に食べきれた、フードロスを生まない献立が組めたという事実に自己肯定感が上がりますし、冷蔵庫がきれいになっていくのにもテンションが上がります。

たまにうまくいかなくても仕方ないととらえ、できたときに「自分、えらい！」と加点方式にするのがいいと思います。

味や料理の出来を褒められるかどうかは自分にはどうしようもないですが、無駄なく食材が使い切れるかどうかは自分次第なので、頑張りがいがあります。

ゴール設定をするときは、他者基準ではなく**自分基準で達成できること**にするのがポイントです。

共働きが当たり前の時代では、ていねいな家事はなかなか難しいので、ゴールも作業工程もシンプルなくらいでいいと思います。

自分のゴールはこれだ、と明確になったら、やらなくていいことにまで気を回したり、罪悪感を持ったりする時間もカットしましょう！

料理で感じる心の負担を軽くするヒント

作る人が食べたいものを作る

料理を作る人には、家計から自分の好きな食材を堂々と買い、食べたい調理法と味付けができる特権があると思います。

わが家の場合、献立は私の裁量で決めているので私が食べたいものを作ります。用意したおかずを子どもが食べたがらないこともありますが、味見のために必ず一口は食べるように促し、それ以上食べられなくても、白ごはんと味噌汁は絶対に食べられるので、納豆や卵、ふりかけを足して食べてもらっています。

「主食とスープがとれたらＯＫ」と、ハードルを低くしています。

私も10代のころ苦手だったパクチーもアボカドも、味覚が変わって食べられるようになったし、将来自立して家の外に出たらいろんな料理に出合うはずなので、必ず**好きなものばかりが出る食卓でなくてもいい**と思っています。いろんな人がいて、いろんな料理があって、それに対処していくのが人生の醍醐味ですから。

お米がおいしいだけで最高の食事

「お米がおいしいと料理が手抜きできる」と言ってもあまりわかってもらえないかもしれませんが、おいしい白ごはんがあれば、おかずが雑でも全体のレベルが上がるので、私にとってはこれも時産テクニックです。

わが家は玄米をストックして、週に一度、家庭用精米機で精米します。新鮮なお米を土鍋で炊くととってもおいしいんです。直火で8分、蒸らして12分、炊きあがりまで計約20分なので、電気炊飯器の約半分の時間で絶品の味が楽しめます。

白ごはんがおいしくないと、おかずの味を濃くしたりチャーハンにしたり、味をごまかす作業が必要になりますが、絶品ごはんと食べるおかずは、**薄味でもおいしく**感じられます。塩分控えめの食生活で病院に行かなくてすむとか、肌がむくまず美容にお金や時間を使わなくてよくなるなど、長い目で見ても時産です。

土鍋は2合炊きのおひつ炊飯鍋を使っていて、洗いやすいつるんとした形状でサイズもちょうどよく、食べきれなかった分は冷蔵庫にそのまま保存して電子レンジで温めていただけるので便利です。

家で精米したお米をお気に入りのガラス容器に入れています。透明だから残量が一目瞭然。だいたい1週間分をまとめて精米しています。

子どもたちには食べ切れる分を各自よそってもらうようにしています。日によってお腹の空きぐあいも違うだろうから、体調を自分でコントロールできるように。

精米機の導入は難しいかもしれませんが、扱いが簡単なこの土鍋は取り入れやすいのでおすすめです。白ごはんにこだわってみると、きっと食事の楽しみが増えると思います。

家族みんなが大好きな白ごはんですが、食が細い子どもたちは残してしまうことが多く、そのことに悩んだ時期もありました。

あるとき雑貨屋で、りんごといちご柄の小さな子ども用茶碗を購入し、「これによそったごはんは残さず食べる」というルールを提案したら、その日から頑張って食べてくれるようになりました。

今でも残すこともあるし、相変わらず食は細いですが、食べられなくても家族で過ごした食事の時間は記憶に刻まれていくだろうと思っています。「まぁいつかは食べられるようになるだろう」と、気長に待つことにしています。

栄養管理は心がけているだけでえらい

食欲は、大人でも疲れ具合や気候によって変動しますし、成長期まっただ中の子どもに食欲のムラがあるのは仕方ないことです。

「3食毎回バランスの良い献立を目指さなきゃ」と頑張りすぎると心が苦しくなるので、**「1週間で帳尻が合えばOK」**とどっしり構えています。

週に一度まとめて購入する食材を少しずつ使っていけば、1週間でいろんな種類の栄養が行き渡ります。

独身時代の私はコンビニで好きなものを買って食べていて、会社の先輩に「今日もおにぎりだけなの？」と心配されていました。お肌の調子もイマイチ、身体も重く疲れていましたが、「残業のしすぎかな」と、不調と食生活が頭の中で結びついていませんでした。

若さで乗り切れていたので医者にかかるほどでもなかったのですが、もしあの食生活を続けていたら心と身体の健康は得られなかっただろうなと感じています。

私が食生活を見直すようになったきっかけは、妊婦健診でした。

「毎食、手のひらサイズのたんぱく質を摂りましょう」と言われ、いつも炭水化物だけでお腹いっぱいにしていた私は驚きました。たまに「からあげクン」を買

手軽な朝ごはんでも、摂りたい栄養素はカバーできる。

うぐらいしかたんぱく質に心当たりがなく……。お腹の中の赤ちゃんに申し訳なく思い、その日から栄養バランスを心がけるようになりました。

子どもの成長と大人の健康に大切なたんぱく質は、肉・魚・卵・乳製品。元気に活動するための炭水化物は、おいしい白ごはんやパン。体調を整えるビタミン・ミネラルは野菜やフルーツ。また発酵食品の味噌やチーズ、ヨーグルトもストックを欠かさないようにしています。

あまり突き詰めて考えるとしんどくなってしまうので、深刻になりすぎず、ざっくりと「肉と魚、野菜とフルーツを買って調理する」くらいの気持ちでじゅうぶんだと思います。一度買いものや献立のパターンが決まると、それを繰り返すだけで自然と食生活が整います。旬の食材が出ていたら買ってみると、その季節に必要な栄養が摂りやすいです。

特別なアイテムは買わなくても問題ない

テレビやＳＮＳでお料理ネタを見るとつい試したくなります。家にある食材で作れるものなら気分転換に楽しめますが、ちょっと変わったおしゃれなスパイスや海外輸入の食材を買わなくてはいけない場合は、使いきれずに冷蔵庫にずっと入ったままになってしまうかもしれません。

私も、麻婆豆腐を作るために瓶入りの甜麵醬《てんめんじゃん》を買ったものの、アレンジ力がなくて使いきれず、次に麻婆豆腐を作るときには賞味期限が切れていたことがあります。解決策として、もう甜麵醬を使う料理はせず（笑）、麻婆豆腐が食べたくなったらレトルトなどの使い切れるタレを買うことにしました。

いつもの調味料で作れない味をイチから調合しない、と決めたら無駄なお金とスペースは不要になります。

オイスターソースも、買うたびに1本使い切るのが難しいアイテムでした。何度か失敗して向いていないと思ったものは買わないことにしています。

出番のない調味料は、**見るたびになんとも言えない微妙な気持ち**になります。やっぱり家に置いておく調味料はいつもの定番だけでじゅうぶん。中華やエスニック料理などは、外食や、テイクアウトの楽しみにしています。


賢いオーブンレンジや自動調理鍋など、どんどん出てくる調理家電も気になりますが、最新家電は価格も高く、キッチンでそこそこスペースもとるので、使わなくなったときの微妙な気持ちは調味料以上です。

毎日使うか、あるいは月に1回、数か月に1回でも必ず使うか考え、置き場所があるかを検討し、「高いお金を出しても生活をラクにしてくれるから妥当だ！」と心が決まってから買えば後悔しないかもしれませんが、商品の謳い文句になんとなく「便利そう！」と惹《ひ》かれただけなら無理して買わなくてもいいと思います。

家電は特別なもの、贅沢なものなので、時間を使って検討することが、本当に時産になるかどうかの分かれ道です。

私は電気圧力鍋を持っていますが、平日は直火のほうが手っ取り早いので使用頻度は高くありません。

長時間低温で加熱しなくてはいけない塊《かたまり》のお肉や根菜は休日にしか調理しないと決めているので、出番は月に1、2回くらい。高価なものでなく、そんなに場所もとらないので、ちょうどいい存在かなと思って所有しています。

自動調理鍋は、料理を作ってくれている間に他のことができるのは利点だと思うものの、時間を逆算して食材などもあらかじめ整えなければいけないところが、私には向いてない気がしています。

キッチンに立つまで何も考えなくてよく、キッチンに立ったらどんなときも10～15分でごはんが作れるという今の仕組みのほうが、私に合った時産方法です。

作り置きよりフレキシブルな「半調理」

味付けをするまで工程を終わらせておく

「半調理」を思いついたきっかけは、いっとき大ブームになった「作り置き常備菜」で失敗をしたから。

完全に味付けされた料理は、一度食卓に出すと、夫も子どもも飽きてしまって「昨日食べたから今日は食べたくない」となってしまいました。私自身も「飽きるな」と感じていたので、だんだん作り置きはしなくなりました。

でも作り置きなしで毎晩主菜も副菜も作ると時間がかかるので、味付けをする手前までの「洗う・切る・茹でる」などの下準備をまとめてやっておくことを思いつき、「半調理」と名づけてコツコツ試して習慣にしました。

週に一度の宅配が届いたらなるべく新鮮なうち、遅くても2日以内に時間を見つけてまとめて半調理します。野菜の茹で時間はそれぞれ短いので、まとめてやっても15〜20分で終わります。

保存容器に入れるとき、漬け汁と合わせて下味をつけておけば副菜が9割完成します。特に難しく考えず身体を動かせば終わるシンプルさが、私の性格にも合っています。

料理は、袋から出して泥を落として、洗って皮をむいて、お湯を沸かして茹でる……という過程からだと「は〜」とため息まじりのノロノロとした立ち上がりになりますが、それがないので忙しい日のごはん作りも**すぐにスタートダッシュがかかって、あっという間に終わり**ます。

苦手な「下ごしらえ」は余裕があるときにまとめて。毎日の料理は没頭できて心地いい「炒める」だけでいいので、心の負担も軽くなりました。

半調理してあることで「今日はこれを使おう」となるので野菜が袋に入ったたましなしなになることもないし、料理のたびに鍋にお湯を沸かしたり鍋を洗ったりせず、水道光熱費を節約できていることにも満足感があります。

ある日の半調理

茹でる順番は特に決まりはありませんが、目安としては、色の薄い野菜から、アクが強い野菜はあとに。半調理したものは、ホーローやガラスの保存容器に入れて保存します。野菜を茹で終わったあとに卵を入れて、茹で卵を作ることもよくあります。

春夏野菜

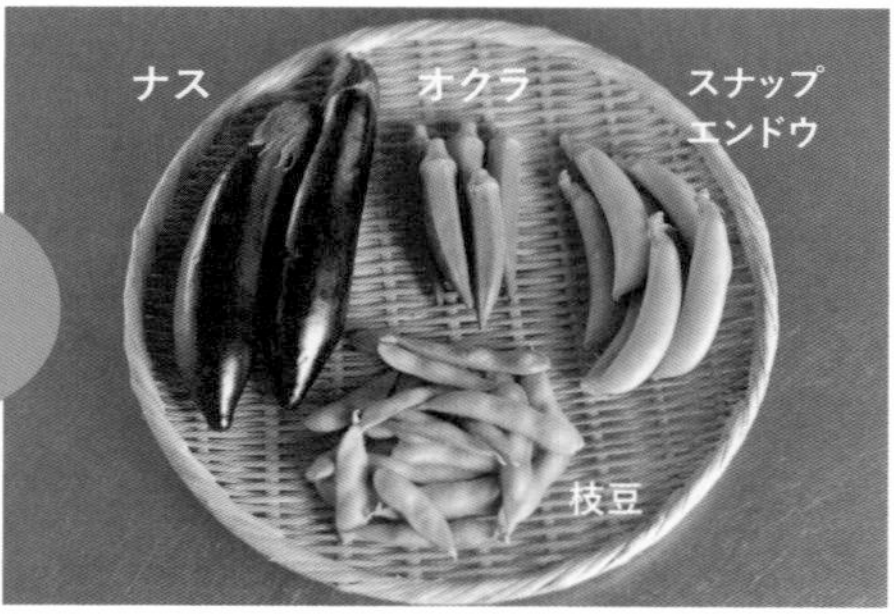

START

ナスは洗って皮をむき3分茹でる。

取り出したらザルにあげ、そのままの茹で湯で次の野菜を茹でる。

オクラは洗ってがくをとり2分茹でる。

茹で上がったら漬け汁（濃縮めんつゆ1：水1）の入った容器に移す。

\ ナスの味付け /

粗熱がとれたナスは割いてボウルに入れ、りんご酢（大さじ1）、菜種油（大さじ1）、塩少々で和えてマリネにしました。お酢が入っているので5日ほど日持ちがします。

\ GOAL /

そのまま副菜として出すもよし、塩や醤油、マヨネーズ、鰹節などをかけて食卓に出すもよし。茹でたての枝豆は子どもたちが競って食べる大好物で、夏の間は週1で食卓に登場。手軽にたんぱく質が摂れて重宝します。

スナップエンドウは洗って筋をとり2分茹でる。茹で上がったらザルにあげる。

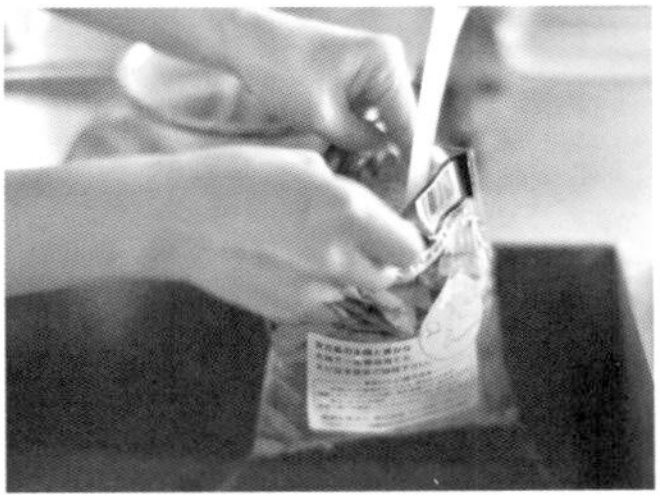

枝豆は袋のままザブザブ洗って鍋に投入。

塩少々を加え6分茹でてからザルにあげる。

秋冬
野菜

START

ブロッコリーはよく洗って小房にちぎって分け、茎の部分は皮をむいて一口大に切り、茎の部分から入れて2分茹でる。茹で上がったらザルにあげ、容器に入れる前によく水を切り冷ます。

小松菜は洗って1分茹でる。茹で上がったらザルにあげておく。

ほうれん草は根元をよく洗って1分茹で、ザルにあげる。粗熱がとれたら6～7センチに切る。

これも半調理

ミニトマトやベビーリーフは洗って水気を切っておくだけで半調理完了。

青ネギは刻んで、水が切れるザル付き容器に（100円ショップで購入）。

手軽に野菜が食べられるピクルスも半調理の流れで漬け汁に。カリフラワーは小房に分けて軽く茹で、他の野菜は食べやすい大きさに切って、「アイワ 浅漬けの素」と甘酢1：1の漬け汁に半日以上漬ける。

＼ 小松菜の味付け ／

粗熱がとれたら流水で冷やして6〜7センチに切り、ボウルに入れツナ缶（1缶）、マヨネーズと鰹節をお好みの量入れて和える。サンドイッチの具としても好評！

＼ GOAL ／

最後に**卵**を7分半茹でる。茹で上がったら殻をむいて漬け汁（濃縮めんつゆ1：水1）に浸す。ポリ袋に入れると味がしみやすい。

5分で作る朝ごはん

起きてすぐ、食欲がなくても食べられるものを

自分のペースで朝時間を過ごすために、家族より少し早く起きています。朝の光を感じながらゆっくり白湯《さゆ》を飲み、家族が起きてくる10分前になったら朝ごはんを用意します。パンが多いですが、飽きないようにたまにごはんの日も。どちらもパターン化して、**寝ぼけた頭でも身体が勝手に動く**ようにしています。白ごはんには、しらすや明太子など。パンには、ジャムやチョコスプレッドなど「おとも」を用意して、それぞれがその日の気分で自由にのっける仕組み。野菜が摂れるように用意している汁物や漬けものは、あると食も進むようです。朝ごはんは1日を元気に過ごすエネルギー源なので、少食気味の子どもたちで

もペロッと食べられるように工夫しています。毎日同じことを繰り返す中で、お茶漬けウィークを作ったり、ハムチーズトーストをリピートしたり、アレンジを加えるのは料理を作る人の特権と思って楽しんでいます。

ワンプレートにのせると運ぶのも洗うのもスピーディ。フルーツジャムをかけたヨーグルト、グレープフルーツ、野菜ピクルスはさっぱりして暑い季節にも食べやすい。火を使う調理も不要なので夏はパンが多くなります。

右上にあるのが、じゃこ、たらこ、しそ昆布などがのった「ごはんのおとも」トレー。納豆も選べます。味噌汁は鍋に水とだしパックを入れて沸かし、火が通りやすい小松菜と油揚げを刻んで入れて味噌をとくだけ。5分で作れます。身体が温まるので、冬はごはんが多いです。

10分で作るお弁当

所定の位置に詰めるだけ

毎朝、中学生の長女のお弁当を作るのが日課ですが、パターン化しているので10分以内で完成します。時間をかけて毎日違う食材を使っても、子どもが喜んでくれるとは限りません。長女は「毎日同じメニューのほうが安心する」と言うので、ほぼ毎日チーズ入りの卵焼きを作っています。

仕切りまで一体成型された気密性の高いお弁当箱なら、アルミやシリコンのカップもいらず、決まった場所に詰めるだけ。浅型で、詰めるセンスも不要です。広いスペースにごはん（白）、片方のおかず入れに卵焼きと野菜（黄・赤・緑）、もう片方にフライと煮物（茶色）と、5色入れるのが定番です。

給食がある学校でも、遠足や長期休みの学童保育などで、突然必要になることもあるかと思います。**詰めやすいお弁当箱を持っておくと安心**です。

お弁当箱は自分で洗うのがルールで、洗い忘れていたら次の日のお弁当は作らないという約束。長女が洗うのはいつも寝る直前でハラハラしますが、あえて口出しはせず、自分で気づいてもらう練習中。先回りして助けてあげると毎回「お母さんが気づいてくれる」と甘えてしまうと思い、「失敗も勉強のうち」「自立のため」とグッと我慢して平然を装います。

翌日の朝まで気づかないこともあり、最後まで忘れたときは自分のお小遣いで朝コンビニに寄るか、学校の購買で買うか。出費が痛いようです。失敗を繰り返すことで、どうしたら忘れないか考えるきっかけになればいいなと思っています。

薄型弁当箱とケースは、「シャンブル」で購入できる「tsukuru&Lin. byリンネル」と「ココ研」(私が参加している「心地よい暮らし研究会」)のコラボ商品。長女用の400mlサイズ(写真)と600mlサイズを持っています。密閉性が高くて汁漏れしにくく、カバンに縦にして入れられると子どもたちにも好評。

ある日のお弁当作り

\ 冷凍チキンカツを揚げ焼き /

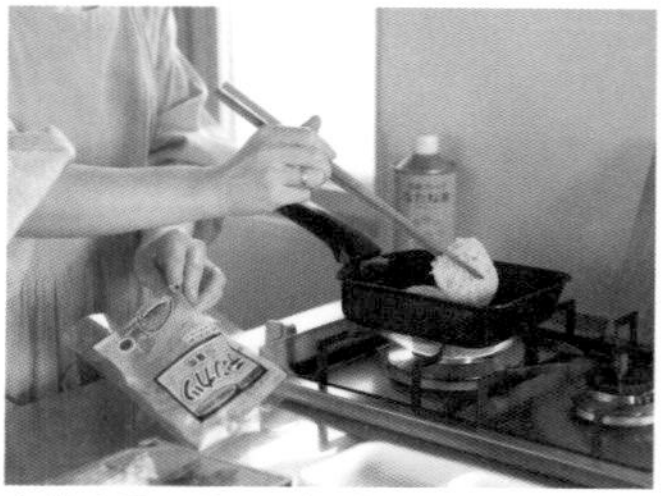

卵焼き器は洗わず、菜種油を多めに加えて冷凍チキンカツを揚げ焼き。

両面きつね色に焼きあがるまで5分ほどかかるので、その間に他の作業を。

\ 詰めていく /

赤しそのふりかけ（「ゆかり」）と白ごまを混ぜたごはんを詰める。

\ 卵焼きを作る /

卵焼き器に油を引き、卵をそのまま割り入れて菜箸で溶く（洗いものが減る）。

卵が半熟に固まってきたら、とろけるスライスチーズ1/2をのせて、半分に折りたたむ（くるくる巻かない）。

ある程度卵が固まったら完成。まな板に置いて冷ます。

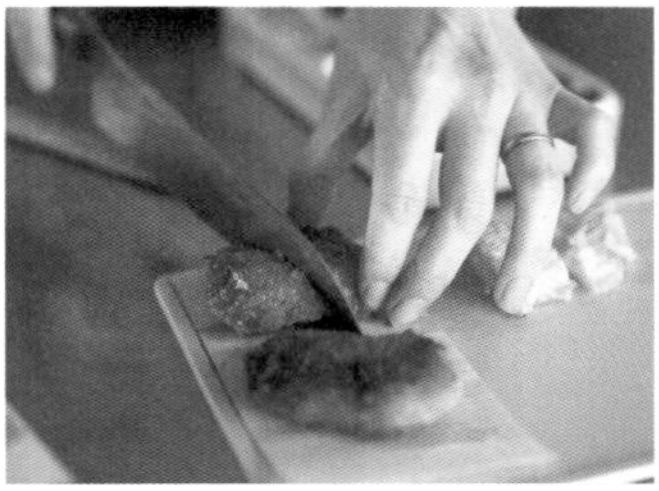

チキンカツを食べやすい大きさに切る。油を吸うウッドクッキングシート（経木）をまな板の上に敷くと洗いものがラク。

切った卵焼きとミニトマト、枝豆を同じスペースに入れる。枝豆は冷凍のまま入れて、そのまま自然解凍させます。

＼ 仕上げ ／

（左）混ぜごはんに梅干しをオン。（右上）チーズ入り卵焼きには市販のたらこマヨネーズをかけて。（右下）チキンカツを入れたスペースにデザート代わりのさつまいもと黒豆の甘煮を入れました。毎日同じような流れで作って同じように詰めるだけなのでとてもラクです。

15分で作る晩ごはん

焼くだけ、袋から出すだけ……時短食材を味方に

「主菜＋副菜＋ごはんと味噌汁」とパターン化することで、どんなときもキッチンに立って「お米を研いでごはんを炊く」↓「鍋にだしパックと水を入れて火にかけ味噌汁を作りはじめる」↓「フライパンで炒めものをする」……とルーティン通り身体を動かせば、**1日中動き回って疲れていても、なんとなく本調子が出ない日も**、食卓に料理を出せます。たとえば左ページのような感じで、時間も手間もかかりませんが、ラクしていることが家族にもバレません（笑）。

いつものごはんを食べて、お風呂に入って寝て起きたらすっかり元気が回復するので、平日は同じサイクルで過ごすことを心がけています。

主菜＋副菜＋ごはんと味噌汁

【主菜】金目鯛の干物：グリルで10分焼く。
【副菜】野菜炒め：ベーコン、キャベツ、ニラを菜種油で炒めて、塩こしょうを振り、溶き卵を回し入れる。
【味噌汁の具】うずまき麩と半調理で刻んでおいた青ネギ。

【主菜】麻婆豆腐：豚ひき肉を菜種油で炒めてから、半調理でみじん切りしておいた白ネギと食べやすい大きさに切った豆腐を入れて炒め、市販のタレを合わせる。
【副菜】半調理で茹でておいたほうれん草を、鰹節と醤油でいただく。
【味噌汁の具】しめじと細切りした大根。

【主菜】豚キムチ：豚のこま切れ肉を菜種油で炒めてから、もやし、キムチ、ニラを入れて炒め、溶き卵を回し入れる。
【副菜】洗って水を切ったリーフレタスに、ツナ缶を入れ、塩こしょうと塩麹ドレッシング（塩麹2：オリーブオイル1：甘酢1）でいただく。
【味噌汁の具】豚キムチで余ったニラと溶き卵。

そうはいっても15分は短いですよね。秘訣は食材選びにあります。「皮をむかなくていい」葉野菜、「袋を開けたらそのまま使える」なめこや麩、「包丁を使わなくていい」もやし、こま切れ肉などカットされた肉、「グリルで焼くだけ」の魚の干物など、いかに手間がかからず扱いやすいかという視点で食材を選んでみてください。

キムチや塩昆布など、調味料いらずで味が決まる食材も時短になります。

疲れている日のために「お助け食材」をストック

それもできないくらいしんどい日のために用意している「お助け食材」は、冷凍の刺身用サクや、焼きそば、袋麺のラーメンです。

ちゃんと家で作って食べているし、野菜は冷蔵庫にあるものを使えているので罪悪感もありません（笑）。手抜きした日のほうがむしろ子どもたちが喜んで食べてくれるので、気分はラクです。

お助け食材①冷凍の刺身用サク

生活クラブで購入できる鰹の刺身用サクは冷凍で届くので、食べたいなと思ったタイミングで流水解凍し半解凍でカットします。半解凍だと固さがあって、包丁が入りやすいですし、食卓に出す頃には解凍されるので重宝します。ネギとポン酢とおろししょうがを合わせて。冷奴は豆腐を水切りして出しただけ。栄養価も高く、家族も手抜きと思わないお助け献立です。油を使わないので洗いものもラク♪

お助け食材②焼きそば麺

豚のこま切れ肉を菜種油で炒めてから、洗って適当な大きさに切ったキャベツを入れて炒め、焼きそば麺を絡めながら炒めてソースで味付け。目玉焼きをのせて栄養価アップ。すべて火が通りやすい食材で調理がスピーディ。お皿がひとり1枚なので食器洗いも早い。

お助け食材③袋麺

左の豚骨ラーメンは鍋で茹でて、ストックしてある半調理の野菜と茹で卵をのせるだけ。右のふたつはカップ麺ならぬ「ノンカップ麺」。化学調味料不使用、ドライフーズの具材入りで、鍋で茹でず器に入れてお湯を注ぐだけ。究極に疲れているときや、防災備蓄としても、これがあると安心。すべて「生活クラブ」で見つけたもの。

休日ごはんは、その日の気分で自由に

子どもたちも「料理を作る人」に

平日はルーティン通り、休日はできるだけ予定を入れず、その日の気分で自由に過ごすのがわが家のスタイル。子どもも大人も思い思いに過ごしています。ときには子どもが料理を作ることも。長女は小学5年生のときに家庭科の授業で味噌汁を作ったのがきっかけで、たまに家で料理をするようになりました。

最初は火の扱いや包丁の使い方をサポートしましたが、今ではひとりで簡単な料理ができます。「生活クラブ」のミールキットは、予め洗ってカットされた野菜や調合されたソースが届くので、よくパパッと作ってくれます。長期休みはお菓子作りにも挑戦。キッチンに立つのは勉強の息抜きになって楽しいようです。

長女が作った中華丼

ミールキットに足すことにした白菜を切って、あとは手順に沿って食材を中火で炒め、袋入りのソースを混ぜ合わせる。ほかほかごはんの上に盛り付けてくれました。どんどん料理の感覚が身についています。

次女が作ったパンケーキ

はじめはボウルに卵の殻が入ったり、混ぜる力加減が難しかったりしましたが、今ではすっかり上手に。フライパンで焼くときは近くで見守ります。食べやすいように薄く、小さく焼き上げるのが次女のこだわり。

包丁はそれぞれ専用のものを

包丁に慣れるために自分に合ったものを使い続けたほうがいいと考え、それぞれ専用があります。写真上は次女の「台所育児」シリーズの子ども用包丁。子どもの手に合わせた小ぶりな作りながら刃は本物で、大人と同じように慎重に扱うことを覚えます。思い通りに切れる感覚を味わえるのが嬉しいようで、以前より進んで料理の手伝いをするようになりました。写真下は長女の大人用包丁。12歳になったときに、左利きの長女に左用の包丁を探して名入りをプレゼント。

食器洗いもよくしてくれるのでそれだけでも助かりますが、ランチを作ってもらえると、私はその間に仕事やしっかりめの掃除などができて大助かりです。

将来自立したとき、自炊できるとお金の節約にもなり自分の健康を守ることになりますから、今からいろんな料理にチャレンジしてほしいと思っています。

次女は、私がキッチンで料理していると匂いにつられて「何作ってるの〜？」と見にくる食いしん坊。私はよく蒸しパン（P136）を作るのでホットケーキミックスを常備しているのですが、休日に次女がホットケーキを作りたいと言うので何度か一緒に作っていたら、小学3年生からひとりでできるようになりました。はじめの頃は袋に書かれた説明書きを見ながら時間をかけて作っていましたが、夏休みに何度も作ったことで、今では何も見ずに作れるように。火を扱うときは近くで見守りますが、ほとんど口を出しません。次女は性格的にいろいろ言われたくないタイプなので、思うがまま自由にやらせています。本当は洗いものまでやってほしいけれどそこまではまだ難しいようで、今後の課題です。

気が向いたらすぐ作れるおやつレシピ

私が小学生の頃、母がよくチョコクロワッサンを作ってくれました。口の中で溶けていくチョコレートのあの味、あの時間を思い出すと今も幸せな気持ちになります。

そんな原体験もあって、私も子どもたちが小さい頃からおやつを手作りしていました。小学生以降は近くの駄菓子屋さんでお菓子を買うようになったので、昔ほど作らなくなりましたが、簡単なものは今もたまに作っています。

お菓子用に特別な材料は用意せず、常備してある**ホットケーキミックスやフルーツの缶詰、野菜など**を使います。すぐに作れて、市販品よりおいしく経済的。「おやつは手作りできるんだ」と知っていれば、小腹が減ったときに買いものに行かなくても家にあるもので作れるので、時産につながります。

心安らぐ家で、癒しの時間が過ごせること、お母さんが作ってくれたという思い出が伝わればいいなと思っています。

ボウルにホットケーキミックス〈200グラム〉、砂糖〈大さじ1〉、牛乳〈150cc〉と卵〈1個〉を入れ、よくかき混ぜる。アルミカップに9等分し、約10分蒸す。出来立てはふわふわでやわらかく2〜3個ぺろりと食べられちゃう軽さ。レーズンやチョコチップを入れてもおいしいです。

れんこん1本を2ミリほどの輪切りにし、塩少々と水〈大さじ1〉で溶いた小麦粉〈大さじ1〉にからめ、多めの油で揚げ焼き。2分焼いてひっくり返し、さらに2分焼く。皿に盛ったら塩を少々かける。青のりや「ミラクルすぱいす ふ〜塩」という調味料をかけることも。ごぼうやじゃがいもなど、根菜類は同じようにできます。

ホーロー製バットに100ccくらいの水を入れて火にかけ、砂糖〈大さじ1〉と食べやすい大きさに切ったパイナップルの缶詰を汁ごと加えて混ぜる。最後に顆粒ゼラチン〈大さじ1〉を入れて混ぜ、ゼラチンが溶けたら火からおろし、粗熱をとって冷蔵庫で3時間冷やし固める。白桃缶やみかん缶でも。

さつまいもを1本ずつ、濡らした新聞紙で包み、さらにアルミホイルで包む。200°Cに設定して予熱したオーブンで30分焼き、ひっくり返してまた20分焼く（焼き芋機能があればそれに従う）。安納芋はねっとり、シルクスイートはほくほく系と、いろんな味を楽しみます。たっぷりバターを付けたらそれはもう高級スイーツです。

時間をかけてもいいし、手抜きしてもいい

平日は時短料理ばかりなので、休日は時間のかかるカレーやシチューなどの煮込み料理や、野菜をみじん切りにする餃子などを作って料理を楽しんでいます。

根菜類など下処理が必要な食材を使ったり、ごはんを炊かずにパスタを作ったり、フードロスにならないように**冷蔵庫に残っている食材**を使ったり、栄養の面でも在庫の面でも、1週間のバランスを調整します。

レストランで外食したり、テイクアウトを買ってきたりすることもあります。

心のエネルギーがチャージされて、また次の週も頑張れます。

ある休日の料理。豚のこま切れ肉を炒めてから、食べやすい大きさに切ったにんじん、大根、白ネギ、ごぼうを炒めます。そして、ひたひたになるくらいの水とだしパックを入れて、しいたけ、里芋、白菜を加えて30分ほど煮込む。味付けは味噌と醤油で。野菜がたっぷり摂れて、冷蔵庫もすっきり。冬によく作ります。2日目は豆腐や油揚げを追加してアレンジ。

COLUMN

2

わが家の少数精鋭のキッチンツール&食器

キッチンツールはアイテムごとに常に「ベスト1」だけに絞るようにしています。購入前の基準として「限定的な使い方ではなく多用途に使えるか」「洗いやすいシンプルな形状・素材か」をチェックしますが、道具は使ってみないとわからないことも多いので、使いながら厳しく選定します。

納得がいくものが見つかるまでトライアンドエラーを重ねて（選ばれなかったものは潔く手放す）最高のベスト1が見つか

れば、愛着もひとしお、キッチンに立つのが楽しくなります。

新婚当初は「可愛い！」と勢いだけで食器を買ってしまい、結局使い勝手がイマイチで使わなくなったこともありました。数か月に1回しか使わないものは思い切って処分して、使う頻度が高いお気に入りだけに絞ったら、出し入れがしやすく時短になったのはもちろん、料理の盛り付けに迷わなくなりました。

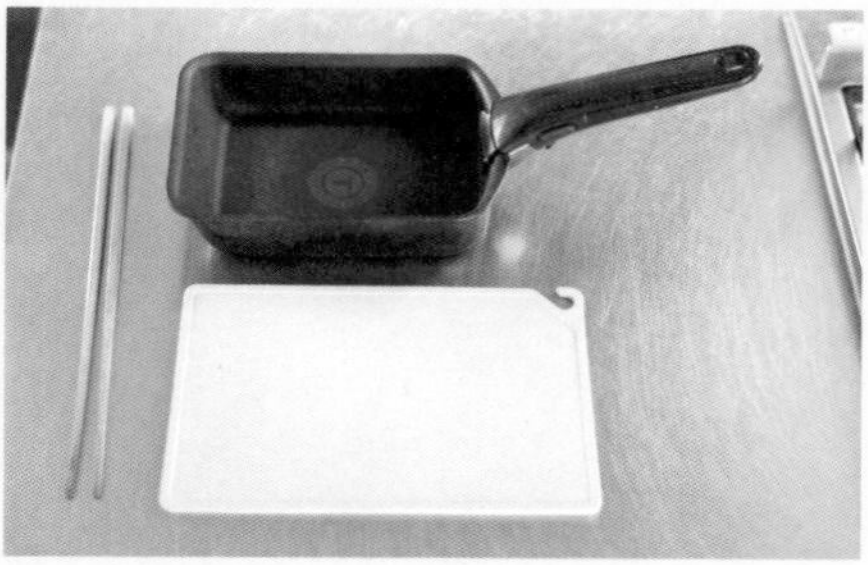

お弁当作り専用のティファールのエッグロースターと抗菌まな板。朝使うのはこれだけ、洗うのもラク。

結局、残ったものは多用途に使えて飽きのこないシンプルな食器。数が絞れたので余裕を持って並べることができ、アイテムごとにまとめるのではなく、朝食用・夕食用など主にシーン別に収納しています。

オープン収納なので扉を開閉する手間もなく、食器を洗ったあとシンクからくるっと後ろに振り返ってヒョイっとしまうだけ。湿気も自然と取れるのでざっと拭くだけでよく、洗いものの負担が軽いです。すべての食器を毎日使って洗っているので、ホコリをかぶるヒマもなし。食器棚に向かって左には、わが家で唯一のゴミ箱。ひとつしかないからゴミ箱を集めて回る手間が要りません。

わが家の食器を数えたら全部で46個でした。上から1段目：夕食で使う人数分の茶碗、汁椀、小皿。2段目：ワンプレート朝食用のプレート、コップ、マグカップ。3段目：主菜を入れる大皿、休日の昼食で使う食器、お茶やコーヒー用のポット。左はゴミ箱。

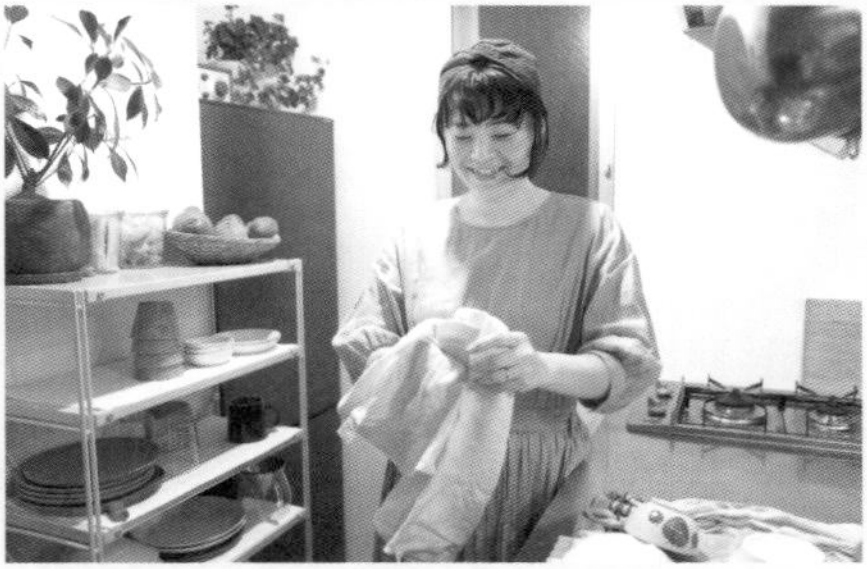

食器を拭いて一歩も動かずにしまえる。コンパクトなキッチンの利点は、少ない動きで完結するところ。

キッチンツールはすべて「ベスト1」。**A**左上に少し見切れているのはP57で紹介した富士ホーローのコーヒーポット。**B**毎日味噌汁を作る片手鍋は、茹でる・煮る・炒める・揚げるとマルチに使える多用途鍋（シャンブルとココ研のコラボアイテム）。**C**貝印のステンレスピーラー。**D**マツモトキヨシで購入したキッチンバサミ。**E**ごはんをよそうだけでなく熱調理にも使えるスプーン型のしゃもじはカインズで購入した「チャーハン職人」。**F**20年選手の無印良品のステンレスお玉。**G**無印良品で150円の竹箸（30センチ）。**H**マーナの計量カップはふだんの料理では使いませんが、子どもがお菓子作りなどに使用。**I**ハンドルのつけ外しができるクリステルの深鍋（20センチ）は汚れてもお手入れすればすぐにピカピカに。**J**工房アイザワのステンレスボウルは持ち手付きで干して乾かせる。**K**同じく工房アイザワの持ち手付きザルはボウルと重ねて使える。**L**「九雲（くも）」の竹のまな板（23センチ角）は軽くて乾くのが早く、自立して立てられる。**M**日本橋木屋の包丁は切れ味よく扱いやすい。**N**パール金属のスライサーは、上にある3つの交換パーツでおろし器にもなる。**O**ニトリで買った24センチの「超深型フライパン」は、炒めもの、煮もの、何にでも使えて毎日活躍。以前使っていた「ウー・ウェンパン」についていた蒸し器と、貝印のマルチフライパンセットについていたドーム型のふたを合わせて使用。24センチ用なら違うメーカー同士でも合わせて使える。

4

もっと「しない家事」を増やして心に余裕を

洗濯にも見直せるポイントがたくさんある

洗濯を「10個の工程」に分けてみると

洗濯は、料理と同じく日々の重要な家事です。

クリーニング店に頼まない限り自分でやる必要があり、店にお願いするとしても「仕分けして持っていく」「受け取りにいく」というステップがあります。

料理と同じで、洗濯にかかる時間を分解して不要なプロセスを省き、自分なりの最短ルートを決めるほうがコストをかけず時産できます。

乾燥機能のない洗濯機の場合、工程は10個くらいでしょうか。

①「洗い方別に仕分け」→②「必要があれば洗濯ネットに入れる」→③「洗濯機に入れる」→④「洗剤を計量して入れる」→⑤「コースを設定してスイッチを押す」→⑥「洗濯が終わったらハンガーに吊るす」→⑦「乾燥しやすい場所に干す」→⑧「乾いたら取り込む」→⑨「たたむ」→⑩「収納する」

アイロンがけは洗濯とはまた別の家事としてここでは省きます。

①～③は、**家族それぞれが自分でやってくれたら、洗濯をする人の負担は軽くなります。**わが家は1日1回、夜に洗濯機を回すので、それぞれがお風呂に入るときに自分で洗濯機に入れます。洗濯ネットに入れるのも各自が判断してそれぞれが自分でやります。

④の洗剤の計量は、自動でやってくれる機種も増えてきました。まとめて入れておけば毎回自動投入してくれます。3年くらい前に買い替えのタイミングで自動投入機能付き洗濯機を導入したら、ちょっとしたことですがすごくラクで、洗剤の入れすぎや少なすぎを気にしなくていいのもストレスフリーです。

「干す」をやめるか「たたむ」をやめるか

乾燥機付きの洗濯機を使えば、⑥〜⑧の「濡れた服を吊るして、干して、乾かす」工程を省けますから、あとはたたんで収納するだけ。

1階に洗濯機があり、干すために2階や3階のベランダに運んでいた人は、乾燥機で乾燥まで終わらせることができたらかなりの時間と労力を減らせます。洗濯機の近くにタオルや下着の収納場所があれば、さらに効率的ですね。「独立型の乾燥機」も注目されています。洗濯ものを移す手間はありますが、ガス式のものだと洗濯機一体型の3分の1ほどの時間で乾燥し終わるそうです。

わが家は乾燥機を使わず、「ハンガーに干して乾かす派」。干す手間はありますが、服をすべてハンガー収納にしているので乾いたらそのままクローゼットに運ぶだけ。⑨**「たたむ」という、めんどうであと回しにしがちな作業を減らす**ことができます。

⑩の収納も、家族4人のクローゼットを1か所に集めたファミリークローゼットにしているので、一気に片付きます。

ピンチに吊るして干す下着類は、ピンチからはずしたらそのまま引き出しにふんわり折りたたんで入れるだけ。乾いたバスタオルは脱衣所の突っ張り棒にひょいとかける。布巾はハンガーに干したものをさらに二つ折りになるようつかんでとり、キッチンのオープン収納にポンとしまう。

かつては、取り込んだままたためていない洗濯ものがソファの上に山積みになっていることが毎晩の悩みでした。視界に入るたびに「はぁ、寝るまでにたたまなくっちゃ」とあと回しにしてしまう自分のダメさに嫌気がさし、洗濯ものをたたむことがとても苦痛な作業に感じられていました。

なので「たたむ」作業をなくすハンガー収納

ハンガーで干さない下着やくつ下はピンチに吊るします。これらもたたむことはせず、はずしたその手でふわっと軽く折って引き出しに収納。

は、視覚的ストレスが減ったことも私にとって大きなプラスでした。
乾燥機を使って干す作業をなくしたほうがラクか、たたむ作業をなくしたほうがラクか、ライフスタイルによってチョイスはさまざまだと思います。
いずれにしても、この家事は本当にやる必要があるか？　という視点で見直して、必要以上にやりすぎないことで、少しずつ時間の余裕ができてきます。

居間に正座して、膝の上で洗濯ものをたたむお母さん……という昭和のステレオタイプイメージがありますが、あの頃はクローゼットではなくたんす収納が主流で、乾燥機もなかった時代です。もっと昔、洗濯板と石けんを使って手洗いしていた頃にはまた違った手順があったはずで、そこから洗濯機も洗剤も衣類の生地も、めざましい進化を遂げています。

たくさんある方法の中から自分のやり方を決める際、時間効率を考えて、ときには大胆に取捨選択すると、時産になります。

家族4人分でも洗濯がラクな理由

「洗い方」も洗剤もひとつに絞る

洗う方法を「デリケート洗い」「色柄もの」「タオル類」など分けていたら、洗濯にかかるトータルの時間は倍々に増えてしまうので、分けるのをやめました。

2章でも触れましたが「厚手のニット」や「手洗い表示がある下着」など、デリケート洗いが必要な服は買わない、持たないようにしています。

色の濃いもの・白いもので分けなくてすむように、色落ちしそうな濃い色の服はなるべく持たないようにしています。グレーやベージュ、アイボリー、淡いくすみパステルカラーの服が多いです。

そうすると1回で、家族4人分の1日の衣類が洗えます。**仕分けしないから洗**

濯カゴももうけず、直接各自で洗濯機に入れます。制服のブラウスなど型崩れを防ぎたいものは、各自で洗濯ネットに入れてから洗濯機に入れてもらうようにしています。

ふだん合成洗剤を使っている場合は、ウールやシルクなどを洗うのに、別で「おしゃれ着用洗剤」が必要です。長女が赤ちゃんの頃は、私も合成洗剤と赤ちゃん用のナチュラル洗剤のふたつを使い分けていました。

今わが家では合成洗剤は使わず、液体石けんを使っています。最近ずっと使っている「エスケー石鹸」のものは、成分がシンプルだからどんな天然素材も洗えます。大人用も赤ちゃん用もウールもシルクも関係なくすべて1回で洗えて、「今回はこれだからこっちにしなきゃ」みたいなことを考えずにすみます。

液体石けんで落ちないと感じたときは、酸素系漂白剤をぬるま湯に溶かしてつ

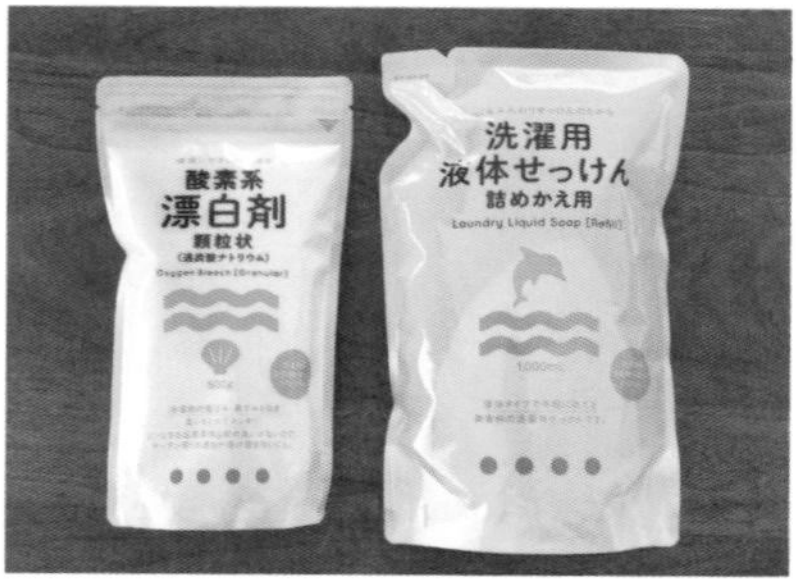

愛用中の「洗濯用液体せっけん」と「酸素系漂白剤 顆粒状」。生活クラブで購入しています。

け置きしてから洗濯機に入れると、臭いや黄ばみがきれいにとれます。

洗濯の汚れだけでなく、食器の茶渋も、掃除の際も、パワーが欲しいときは酸素系漂白剤を加えます。洗剤は数が少ないほど、ストック管理もラクです。

生地選び、服選びにこだわる

見た目においても、着心地においても、私はコットンやリネンなど自然素材の服が好きなのですが、特にリネンは乾くのも早くて時産につながっています。

水を含んだまま自然乾燥することで風合いが保たれるので乾燥機は使えませんが、ハンガーに干すときに手でシワを伸ばせば水分の重さできれいに伸びるので、アイロンは不要です。

洗面所と台所用の布巾は薄手のリネン、バスタオルは「ふかふか」はやめてガーゼタオルにしたら、あっという間に乾きます。

洗濯のしやすさと、シンプルで自分らしいワードローブには、相関関係があると感じます。**ハンガーに干しやすい服は着脱しやすく、早く乾く服は通気性がよ**

く着心地のいい服でもあります。

乾きにくいデニム素材や重たい厚手のトレーナーなどは避けるようになり、肌あたりの軽いものばかりに。着ていてストレスがないことが重要です。

洗濯しやすい色や素材を選べば統一感が出てコーディネートしやすく、服で表現する自分らしさがブレません。

ワンピースは上下のコーディネートを考えずサマになるところも好きですが、ハンガーにかける手間やしまう手間が半減するのも好きです。


少数精鋭のクローゼットは、毎日の洗濯と生地の乾きやすさで成立します。今日着た服が明日には乾くから、服も下着も2セットあれば回ることになります。

バスタオルは1人1枚＝4枚を毎日洗濯して使っています。予備を2枚ほど持っているので、お客様が泊まりに来たときや足りなくなったときもカバーできます。タオルは1年に1回新調すると決め、年末に買い足します。

下着も消耗品ととらえていて、特に子どもの場合は3か月ごと（お正月、新学期、夏休み、秋頃）に新しいものに換えます。2セットずつを年4回新しくすると、8セットを1年かけて着るより着用回数が均等になるし、何かが新しくなるのは少しうれしいことだから、自分を大事にしていると感じられます。

性格や考え方によると思いますが、私は区切りをつけたり「使い切る」ことに小さな喜びを感じるので、このサイクルを取り入れています。

イレギュラー家事を重荷にしない

布団カバーやシーツ、カーテンも薄くて乾きやすいリネン生地を使っています。ベランダで干して乾かすので、洗濯のタイミングはお天気次第。洗い替えを持たないので、「今晴れているし、予報もずっと晴れ！」というシチュエーションに背中を押されて「よし、やるぞ」となります。

いつもの洗濯と別に洗濯機をまわすので、休日の午前中にやることが多いです。

何を隠そう私はアイロンがけが苦手なので、家事ルーティンに入れていません。

毎日持つのはタオルハンカチで、アイロンが必要な服はワードローブになし。

夫のビジネス用のワイシャツはクリーニング店におまかせしていて、洗濯機横に通い袋を置いてあり、夫が自分のタイミングでお店に持っていきます。

それでもたまに、子どもの学校関係でエプロンやスモックのシワ伸ばしに突然アイロンがけが必要なこともあります。

たまにしか使わないし広い面積にかけることはないので、大きなアイロン台は持たず、ふだんはファブリックパネルとして飾れる長方形のアイロンボードを洗面台にセットして、即席アイロン台に。アイロンも本格的なものではなく、洋服をかけたままスチームでシワ伸ばしすることもできる、軽くてコンパクトなスチームアイロンを使います。

苦手なことに時間をかけず、たまに使うときには**気持ちの上がるグッズを使う**というのが、私の苦手克服法です。

ボタン付けなどの裁縫は忙しい平日には行わず、余力があるときにまとめてやる仕組みを作っています。「赤白帽のゴム付け」「黒タイツの穴」「体操着ズボンのひざほつれ」など、気づいたときにスマホのメモ機能を使って「すきま時間にやる家事リスト」を更新。書き入れたらすぐに忘れて「あれやらなきゃな……」という小さなプレッシャーを手放すようにしています。

休日に「あっ、今ならできそう！」というすきま時間を見つけたら、裁縫道具を出してまとめてやると、一気に片付けられます。針仕事は終わりがある家事なのでやり切った気持ちにもなり、没頭することでいい気分転換になります。

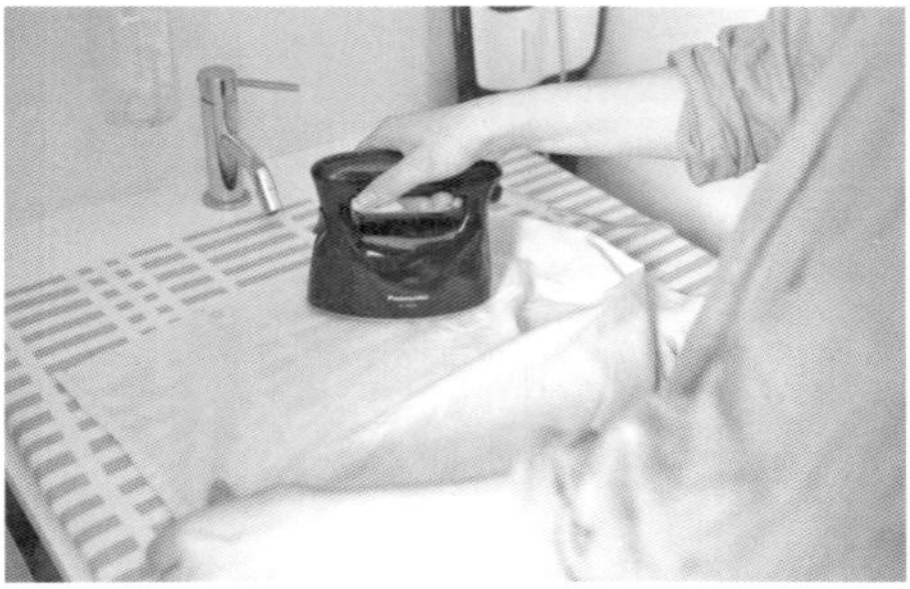

山崎実業のアイロンボード（60×36×2センチ）と、パナソニックのスチームアイロン。どちらもコンパクトで2WAYで使えるところがお気に入り。

裁縫セットは無印良品のスチール工具箱に。糸もボタンもここに入るだけを意識してコンパクトに。

気合いを入れて掃除をしない

家電にルーティンの一部を託す

食洗機や洗濯乾燥機はなくてもいいなと思っていましたが、ロボット掃除機だけは、雑誌の企画で試しに使ったときに「わが家に導入したい！」と思いました。以前も、コードレスのスティック掃除機で10分もあれば家中の掃除機がけが終わっていましたが、掃除は料理や洗濯と違って、緊急を要しない家事でもあります。

長い目で健康を考えると掃除はすべき家事にはなるのですが、今日中に終わらせなければいけないかと言われたら、1週間後でも生きる上で支障はありません。

だからロボット掃除機がやってくれるようになってはじめて、今までは優先順位が低いと心のどこかで思いつつ、「よし、掃除するぞ」と気合いを入れて身体を動かしていたんだなぁと気づきました。

私が頑張って気合いを入れなくても、ロボット掃除機は時間になると動き出し、ＡＩで学習した間取りの隅々まで、障害物をよけながら、小さなほこりまで見逃さずに掃除してくれます。

今はいろいろな機種が出ていて、わが家は検討の末、掃除機が自分でゴミ捨てまで行い、水拭きも自動でやってくれる「エコバックス」を使っています。ゴミを吸い上げるだけでなく、回転式モップがフローリングを水拭きしてくれるので床を清潔に保つことができています。

最新家電は高額なので慎重に検討しましたが、機械に家事をまかせるとこんなに**気持ちがラクになる**んだ、と私にとって革命でした。

毎日自動できれいにしてくれるので、いつもピカピカの床を見るたび価格以上の価値を感じます。

毎日掃除をしてくれるのでいつも家がすっきり。
家族みんなで床に何もない状態をキープ。

設定した時間になると自動で掃除がはじまるという特性を利用して、朝子どもたちが家を出る時間の5分前に動くようにセットしています。

ロボット掃除機が動きはじめたらそろそろ出発の時間だ、と家族みんなが認識できるようになり、「そろそろ出る時間だよ」と言わなくてよくなりました。

また、床にものが落ちていたらロボット掃除機の障害になります。「お母さんが掃除のときに片付けてくれるだろう」から「ロボットに吸い取られるから大切なものを片付けなきゃ」へと、子どもの成長段階でちょうどいい意識の変化を促せたかもしれません。

「ついで掃除」で汚れをためない

床掃除はロボットにまかせるとして、キッチンの油汚れ、洗面台やお風呂、トイレなど水回りの汚れも日々の掃除が必要です。

きれいな状態はキープしたいけれど、掃除が好きというわけではない……というジレンマを解消するため、日常動作に「ついで掃除」を組み込んでいます。

【ついで掃除いろいろ】

●食事が終わったらテーブル横に置いてあるウェットティッシュでダイニングテーブルを拭き、余力があれば椅子も拭きます。

●洗った食器を拭いてちょうどよく湿った布巾で壁とコンロの油汚れや水ハネを拭きます。掃除後の布巾は洗濯機へ。

●冷蔵庫は、週に一度の宅配が届く前のストックが少なくなった状態のときに、庫内をアルコールで拭き上げます。

●洗面ボウルは、ハンドソープで手を洗うついでに泡がついた手で「なで洗い」。気分がのったときは手を拭くタオルで鏡と水洗金具の水アカや石けん汚れを拭き取り、掃除後のタオルは洗濯機へ。

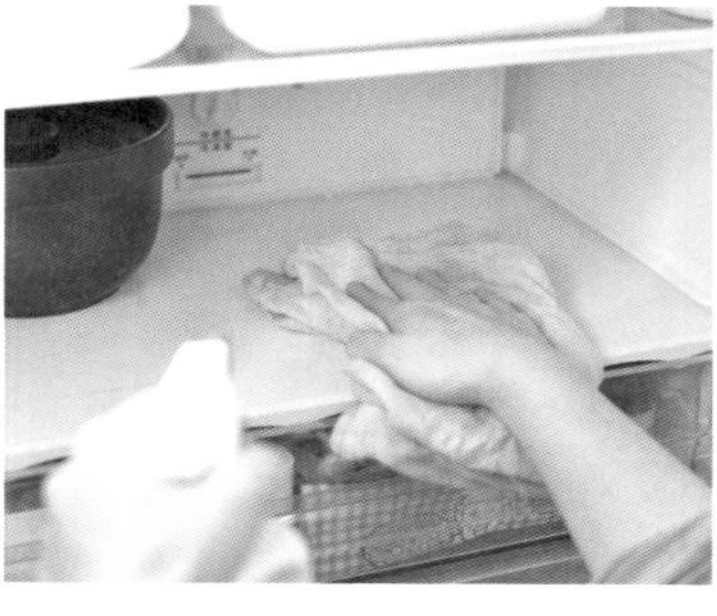

宅配サービスが来る直前は冷蔵庫の中が比較的すっきりしているので、アルコールスプレーを使って掃除がしやすい。

食器を拭いたあとの湿り気のある布巾ですぐに拭けば、油汚れもかなりきれいになる。落ちづらいと感じたらアルコールスプレーを。

- お風呂の浴槽は、夫が朝シャワーをするついでにボディソープをスポンジにつけて洗います（水や皮脂のアカを落とすだけなら専用洗剤でなくてもいいと解釈しています）。
- 排水溝の髪の毛は気づいたときにティッシュで拭きとります。窓のないユニットバスの場合は24時間換気扇をつけっぱなしにすることでカビ予防ができると知り、壁や床は軽くシャワーで流したあと換気扇をつけ乾燥させています。
- トイレの便器や床は3日に1回くらいトイレに流せるクリーナーシートで拭きます。トイレに入ったついでに便座などを拭き上げるため、わざわざトイレ掃除をしにきたという感覚にはならずにすんでいます。

どれも30秒くらい、かかっても2分ですみ、**流れの中でほぼ無意識に身体を動かしている**ので、「掃除しよう！」と意気込まなくても気づいたら「なんだかいつもきれいだな～」と感じられる状態が続きます。

がんこな汚れになるまで放置しないから、強力な洗剤の出番もなく、年に一度の大掃除も今は季節のイベント感覚で、そんなに大変だなと思わなくなりました。

自然と片付く収納の仕組みを作る

取り出しやすくしまいやすい収納場所

ものが取り出しやすくしまいやすい位置は、「使う場所の近く」です。

子どもの連絡プリントを確認するダイニングテーブル近くに筆記具があれば、行事の出欠などもサッと記入できて、すぐ元の位置に戻せます。

キッチンだと、フライパンの近くに油、片手鍋の近くにだしパック、オーブンレンジの横にアルミホイルなど、できる限り使う場所の近くに置いています。

家族がいれば「使う人の近く」も大切です。ダイニングやキッチンは私が長く過ごす場所なので、毎日使うようなものはだいたいこの辺りにあります。

リビングは子どもと夫が過ごすことが多い場所なので、テレビ周りにゲームや

ＤＶＤ、リモコンなどが収納されています。

子どもたちも大きくなるにつれ、自分のものは自分のスペースで管理できるようになりますが、低学年のうちはダイニングで宿題をしたり、場所の概念があいまいなので、「ランドセル置きっぱなし問題」が発生します。

かつては玄関近くにランドセル置き場を作って「帰ったらここに置く」と、**小さな子でもわかりやすい仕組み**にしたこともありました。

誰にとってもそこが合理的で、一目瞭然、間違わない。そんな収納を目指しています。

よく使うハサミと筆記具は少数精鋭をダイニングに配置。

長女が小学1年生の頃。帰宅後すぐランドセルの重さから解放される。

少ないアクションですむ動線作り

頻繁に使うものは、できるだけ少ないアクションで取り出す、しまうができるようにすると、片付けのスピードが上がります。
たとえば、3章で紹介した食器棚（P141）は扉のないオープン収納なので、食器を出すときもしまうときもワンアクション。パッとしまえる動線だから、すぐ片付けようと思えます。もし扉付きだったら無意識レベルのハードルが上がり、洗いかごの食器を見ても「まぁすぐ使うしいいや」となりかねません。

脱衣所のタオルや下着も扉のないオープン収納にしているので、洗濯ものを取り入れたらハンガーやピンチから外したその手で、ワンアクションでしまえます。キッチンの布巾も、水栓を使用中に手を伸ばせばとれる位置に置いています。

腰をかがめずに家事をすることも意識していて、家電の配置や、頻繁に使うものは低い位置に置かないなど気を配っています。**無駄な動きがなくなると体力が消耗しない**ので、効率が下がりません。

キッチンの布巾もワンアクションでとれる位置に。

家事を一手に引き受けない

家事は誰がするもの？

生まれてから独立して家を出るまで、実家では母が家事をしてくれていました。ひとり暮らしをはじめた頃は頑張って自炊をしていましたが、早々にひとり分を作ることが面倒になり料理はサボりがちで、他の家事は滞りながらもなんとかやっていました。

新婚当初は洗濯と掃除は夫と一緒にやっていましたが、長女が生まれて産休、育休をとった頃から、家事の99％を私がやるようになりました。

私の仕事復帰後もなんとなくその流れが続き、夫はゴミをゴミ置き場に持っていく担当（各部屋からゴミを集めてひとつの袋にまとめるのは私）と、朝娘を保育園に送っていくぐらいで、それ以外は私の担当でした。このときの暮らしはかなり綱渡りで、復帰したてで仕事も忙しくメンタルもギリギリな状態でした。

次女を妊娠したとき、このままでは無理だと思いつつ、一度私にまるまる渡った家事をシェアするのも正直難しいだろうから、夫には長女の育児をメインで担当してほしいとお願いしました。

次女が生まれてからも**「家事は私にまかせて。その代わりできるだけ育児をやってほしい」**という方針に。結果、「子どもを第一に考えるパパ」は子どもたちととても良い関係を築き、ふたりとも思春期になった今でも「お父さんと結婚したかった！　お母さんはズルい」と言うほどパパが大好きです。

私もできるだけ子どもと濃密に過ごしたかったので、仕事と育児を両立したい自分に合った効率的な家事のやり方を研究し、今のシンプルライフ研究家の仕事につながりました。

月日が流れ……子どもの成長とともに育児負担が減って余裕がでてきた夫は、私が確立した「シンプルな家事」の一部を受け持ってくれるようになりました。

几帳面な性格の夫は、掃除や洗濯を私よりていねいにやってくれるようになり、はじめは自分と違うやり方にもやもやしたりもしましたが、ぐっとこらえてまかせていたら、半年ほどで私より上手なのでは？　と思うレベルに到達しました。

子どもたちも少しずつ、自立する日が想像できる年頃になってきました。食器洗いや休日の食事作りを手伝ってくれることもあり、夫や私がする日々の家事を間近で見ながら、生活の術を学んでいるのかなと思います。

なるほど、これが「家事はできる人がやるもの」ということかもしれません。

1日の多くの時間を費やしていた家事時間が、だんだん少なくなっていく……。うれしいような、切ないような気持ちです。そして、日々家事力が身についていく家族を頼もしく思います。

子どもに伝えてきた「3つの約束」

ある年齢になったら急にお皿洗いをしてくれるようになったわけではなく、小さな頃から「これだけは自分でやるんだよ」と伝えてきた3つの約束があったから、自然とステップアップできたのかもしれないと考えています。

それぞれが洗濯、料理、片付けの基本の「き」となる小さな家事です。

①脱いだ洋服は洗濯機に入れる。
②食べ終わったら自分の食べたお皿をシンクに下げる。
③ランドセルなど自分の持ちものは定位置に戻す。

小学生になってからは対等に会話ができるようになるので、ひとりの人間として接し、「この3つはあなたの仕事だからね」と伝えてきました。

「身の回りのことは自分でできるような人になってほしい」という願いを込めたこれら3つの約束には、衣食住の基本が入っています。

うっかり忘れてしまうこともありますが、親もとにいる間しか言ってあげられないと思い、めげずに声かけをしています。

私としても、これらをやってくれるだけで気持ちよく家族のために家事ができます。子どもにとっては家事の入り口になり、小さな自信にもつながります。

長女は新たに加わったお弁当箱を洗うミッションに苦戦中ですが、次女もよく、制服のポケットからハンカチを出して洗濯機に入れるのを忘れて、あちゃーとなっています。

親が先回りしてやってあげず、今度からちゃんとしなくちゃ、と思ってもらうために親もぐっとこらえ中です。くしゃくしゃのハンカチを人の前に出すと恥ずかしいんだ、ほうっておくと臭くなるんだと経験することが、生活力をつける一歩ですから。

少しずつ、行きつ戻りつ、自分で自分のことができる子に、そしてゆくゆくは、自分の大切な人のためにも家事を楽しんでできる人になってほしいと思います。

5

情報に触れる時間と
方法を見直す

スマホにたくさんの時間を奪われないために

夜と朝のだらだらスマホタイムを見直す

スマホがどんどん便利で身近になり、ネットニュースを見たりＳＮＳを見たりして、気がつくと多くの時間がなくなっている！　ということが増えました。

せっかく時産して作り出した時間をどう使うかは自由であるものの、今の時代だとついスマホを見て消費してしまうことが多いと思います。

私は入ってくる情報を〝ちょうどいい量〟に抑えるために、「今見ている情報は知的好奇心を満たしているか？」を基準に、これは必要、これは違うな、と取捨選択するクセをつけています。

今の暮らしをよくする情報や仕事に活きる情報は積極的に取ってもいいけれど、

そこから脱線したなと思ったらストップします。

「夜寝る前のスマホタイム」は判断能力が鈍るので要注意です。以前は眠くなるまでスマホを眺めていて、なんとなく新商品のレビューや見知らぬ人の暮らし投稿を見ていました。一見役に立ちそうな感じもするのですが、その情報を知っていても知らなくても生活に支障がなかった＝時間の無駄遣いというのが私の結論です。

しかも、夜のスマホタイムが増えると**睡眠の質が下がって翌日すっきり起きられない**気がするので、寝る前はやっぱり、紙の本が私には合っています。

子どもが小さいうちはずっと読み聞かせとして本を読んでいましたが、子どもたちが自分で本を読めるようになったのを機に、自分の好きな本を読むように。

プチデジタルデトックスになっているのか、頭が少しずつ休息モードになって自然と眠くなるので、紙の効果は侮《あなど》れません。

寝るまでスマホを見ていたときは、朝起きてもしばらく布団の中でスマホを見ていました。1日のはじめに必要な情報を見ているという感覚でしたが、気がつ

く と数十分経ち、朝ごはんやお弁当を作る時間が短くなるなど弊害がありました。寝室にスマホを持ち込むのをやめたら、夜と朝のスマホタイムがゼロに！

今はアナログの目覚まし時計を寝室に置き、朝は起きたらすぐベッドから抜け出してモーニングルーティンをスタートさせます。

スマホを触らない時間を作ると、ＯＦＦタイムはそんなにスマホをチェックしなくても何も問題ないな、と冷静になりました。今のスマホの定位置はワークスペースで、仕事モードのＯＮタイムにまとめて見るようにしています。

情報は自分のタイミングで取りに行く

みなさんはスマホの通知機能はオフにしていますか？　各アプリの通知がオンになっていると、メールやニュースが来たときに触っていなくても画面が明るくなってポップアップ表示が出たり、遠くに置いていても音がしたりします。

お知らせが来るたびに反応していると、家事や仕事などに集中していても中断されますし、ちょこちょこと時間が奪われます。

スマホ画面のアイコンも、アプリを使ってモノトーンのシンプルなスタイルにして、情報量を少なく。

通知が音やメッセージで表示されないよう設定しておき、時間に余裕があるときに見に行くスタイルを貫くことで、自分の時間を確保できます。

私は電話と家族とのＬＩＮＥ、仕事のＴＯメールだけを通知オンにして、**それ以外はすべて通知オフ**にしています。

プライベート連絡用メールや家族以外のＬＩＮＥは、アイコンに未読数の表示がつくバッジ設定にしているので、自分がスマホを開いたタイミングで確認します。

またネットニュースは、関心がある分野の学びのある記事を読むのはいいと思いますが、数珠つなぎに関連ニュースを見続けた果てに、興味のない芸能人のスキャンダルにたどり着いたりしがちですよね。

もともと読みたいものではなかったはずなのに、なぜか読み進めてしまう記事がたくさんあふれています。「この情報は今の自分にとって必要かどうか?」という基準を思い出して、クールダウンしています。

LINEを開いたときに目に入るニュースアイコンも設定変更で外しました。

SNSに心を傾けすぎない

SNSは見すぎると時間がなくなり、心が消耗することもあります。

長女が赤ちゃんの頃はFacebookやmixiで子育て情報の交換や友だちとの交流をしていて、友人知人の近況を楽しく見ながらも、ときどき「旅行うらやましいな」とか「うちの子は離乳食あまり食べないな」と落ち込むこともありました。

今のようにはじめから別世界と思える芸能人やインフルエンサーがSNSの主役ではなかったので、どうしても自分に「ない」ものを意識してしまうツールになってしまいました。

そんな状況がイヤで、思い切ってすべてシャットダウン。アカウントごとすべて消していったんリセットしました。本当につながっていたい人は連絡先を知っているから、SNSだけの人間関係は今の私には不要だと思ったからです。

すると、外に向いていた意識が目の前に向くようになり、**誰とも比べずわが子に集中できる**ようになりました。情報に振り回されることもなくなり、自分自身の考えを深められるようにもなりました。

そこから数年経ち、6年前からインスタグラムを始めましたが、シンプルライフ研究家としてのオープンな発信をメインにしています。フォローしている人もほとんどいないのでチェックもすぐに終わります。

1日に1回か2回、仕事のランチタイムや休憩するタイミングに息抜き程度に、インスタグラムとオンラインサロンのコメントとLINEをチェックします。ツイッター（現「X」）もFacebookも今はアカウントを持っていません。

友人とのクローズドな連絡には主にLINEを使います。子育てなどプライベートなことで情報を得たいときは、信頼のおける人の「生の声」を聞くのがいちばん信頼できるし、元気が出ます。

新しいテレビの活用法

朝のニュースチェックはラジオで

なんとなく朝起きたら情報番組でニュースを見るものという思い込みがあって毎朝テレビをつけていましたが、気がつくと画面に釘付けになって家事の手が止まったり、子どもたちも準備が遅くなったり、**忙しい朝の流れが滞るのがもったいない**と思うようになりました。

それでも主なニュースや天気予報は知りたいので、ラジオを流すようにしたら、ふしぎなほど朝の作業がはかどるようになりました。視覚が奪われないラジオは、同時にふたつのことができる時産ツールです!

だいたい時間通りに天気、交通情報、ニュースが伝えられるので、時計を見なくてもタイムラインがわかって朝のルーティンのおともにぴったり。穏やかな口調で、ときどき旬の音楽が流れるFMラジオが気分を落ち着かせてくれます。

朝はなにより子どもたちを明るく学校へ送り出してあげることが私の最優先事項なので、せっかくの1日のはじまりを印象の強い映像によって脳が刺激されたり、暗いニュースで心が乱されるようなことにしたくないと思っています。

ニュースはテレビに頼らないと決めたことで、時間の使い方がさらに良質になったと思います。

ちなみに電車や徒歩で移動中も、ポッドキャストやVoicyなどの音声コンテンツを聴いています。

テレビでリラックスする音と映像を流す

私と長女は地上波のテレビ番組をほとんど見ないので、大きなテレビは必要ないと思っていますが、次女はゴールデンタイムのバラエティ番組をほ

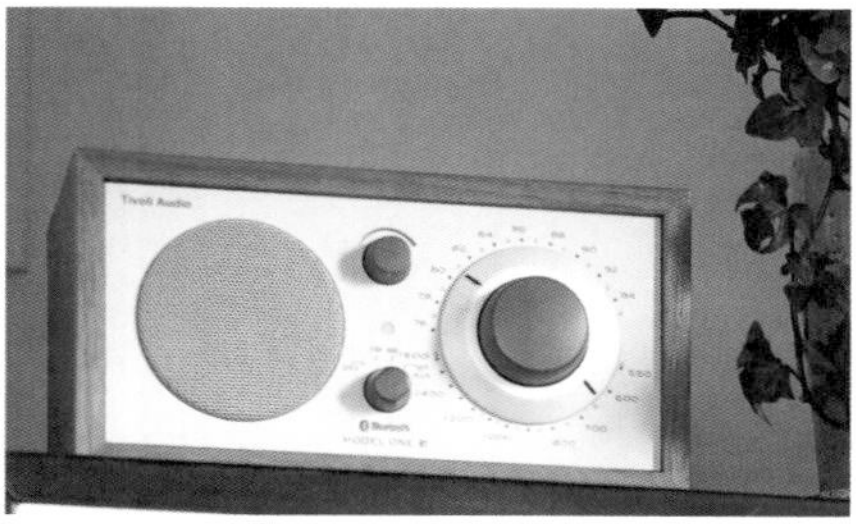

家具になじむデザイン。チボリオーディオのAM・ワイドFMラジオ付きBluetoothスピーカー。

ぼ毎日見るし、アニメを見ることも好きです。

夫はまだまだ大型テレビは豊かさの象徴だと認識している人なので、わが家からテレビを排除することは難しそうですが、家電オタクの夫が最新のスピーカーを導入してテレビの音も上質にしてくれたので、それならばと、私は心地のいいBGMを流すスクリーンとしてテレビを使うことにしました。

鍼灸院で鳥の鳴き声や川のせせらぎが入った音楽が流れていて、そういったジャンルの音楽があることを知りました。YouTubeで探した大自然の4K映像付きの音楽を、テレワークをするときなどに流しています。デスクの上から香る爽快感のあるアロマ（P41）とも相まって、集中力が高まります。

子どもはサブスクリプションサービスでアニメを見るので、見る前に何話まで見るか申告するルールを設けたところ、終わったら自分できっちり消すように。

私もお気に入りの番組だけ見るようになり、**必要なときにつけて終わったら消す**ようになりました。テレビの活用法が変わり、気がついたら時間が過ぎているということがなくなりました。

情報に触れるのは「楽しい時間」

45分限定のYouTubeタイム

新しい知識を得るのは楽しい体験です。だからこそ手軽に見続けられるツールや環境があると、ヒマさえあれば中毒的に見てしまったり、情報に振り回されたり、情報を見すぎて疲れたりすることが増えるのだと思います。

疲れる時間ではなく楽しい時間にするためにはやっぱり、「見すぎないこと」「見る時間を（無理なく）限定すること」が大切だと思います。どんな時間に何にアクセスするか、だいたいのルーティンを作るのがおすすめです。

起床後はラジオでニュースを聞いたあと、子どもたちを見送ってから仕事がはじまるまで2時間あるので、近所のジムでウォーキングマシンにのりながらモニターで朝ドラを見たり、自分のスマホでYouTubeを見ます。

マシンにのっているときだけのお楽しみですが、1時間ほどたっぷり楽しめて、ちょうど満足感があります（せっかくのYouTubeタイムが意図していないCMで中断されるのがもったいないと感じ、CMのない有料プランに入っています）。

YouTubeでは、日本と世界で起こっているさまざまなニュースを深掘りするような番組や、さらに教養を深めるための政治・社会の専門番組やドキュメンタリー番組を視聴することが多いです。

以前は日本や世界の歴史をYouTubeで学ぶことがメインでしたが、今はリアルタイムで何が起こっているかに興味が向くようになりました。私が知りたい「本質は何か？」を深掘りする、お気に入りの時間です。

お風呂と寝る前の読書タイム

晩ごはんのあとは、お風呂での読書タイムが待っています。子どもと一緒にお風呂に入っていたときには持てなかったご褒美タイムです。半身浴をしながらカタログを眺めたり雑誌を読んだりする時間は誰にも邪魔されない至福の時間です。お風呂から上がって家事がひと通り終わったら、簡単なストレッチをして、布団に入って再び読書をします。

寝る前なので難しい本より小説が多いです。高校生の頃から本が好きで、子育て真っ最中のときはゆっくり本を読む時間もありませんでしたが、子どもが大きくなって読み聞かせが不要になったので**自分のための読書習慣が復活**しました。書いた人から発せられる真実に触れるのが好きで、ルポやノンフィクション系も読みますし、小説の世界でしか書けないような歴史ファンタジー作品も大好きです。基本的に本棚に溜めていくことはせず、読んだらどんどん手放し、次に読みたい本がいつも数冊待機している状態です。

子どもが小学生ともなると休日や夜の過ごし方は家族バラバラです。本を読む人、ＳＮＳを見る人、ゲームをする人、テレビを見る人、時間の使い方は自由で、いろいろな楽しみ方があるということを受け入れ合えたらいいなと思っています。

興味は熱しやすく冷めやすい

子どもがYouTubeを延々と見ているとか、ゲームばかりしているというお悩み相談をよく受けます。

そこで「30分しか見ちゃダメ」「1時間しかやっちゃだめ」とルールを作っても、満足できない状態のままいつまでも引きずり、いつかルールを破って揉める、という悪循環になりがちです。

経験上、子どもの興味はいつか必ず尽きるものだとわかっているので、わが家では、何かにハマったら満足して飽きるまでやったほうがいいという方針。むしろ早く飽きてほしいことほどギュッと集中してやらせます。

YouTubeも好きな配信者さんの動画を見尽くしたら別のYouTuberを探すし、新しいゲームもクリアしちゃうともうやることがないから次のソフトに行きますよね。年齢とともに興味関心が移ってやがてゲームをすること自体に熱中しなくなることが多いと思います。

反対に飽きてほしくないこと、いつまでも続けてほしいことは、毎日ちょっとずつ小出しにやったほうが効果的です。勉強とか、楽器の練習とか、一度に長時間ではなく毎日ちょっとずつやったほうが大きく響いていきます。

コーヒーやワインなどの嗜好品も1回で大量に摂取するより毎日1杯にしたほうが飽きずに飲み続けられる、そんなイメージです。

人間は必ず飽きるので、ゲームもYouTubeも絶対に飽きるときが来ます。逆に**「ちょっとだけ」は一番そそられます**。思い切って5、6時間ぶっ通しでやらせてみたら、相当疲れるので「もうやりたくな〜い」となるかもしれませんよ。

何時間も集中できたり、何年もハマってしまうのであれば、それは将来仕事になるかもしれないほど本人にとって本当に好きなことなんだと思います。

しかし身体が大きくなり体力がついてくると、夜更かししてスマホで遊んでしまったりすることも出てきます。

中学生に上がった頃の長女にスマホを自由に使わせていたら、勉強そっちのけになり学校の成績が目に見えて落ちました。

親がいくら注意しても、結局は本人が失敗して「誘惑に打ち勝てない自分がいる」という事実に気づかなければ、どうコントロールしたらいいかはわかりません。自分で「1日1時間なら見ていいけど、それ以上になると勉強時間がとれなくなってしまう」と学ぶ経験が必要です。

そのときは本人も中学生の本分である勉強に影響が出て、やりすぎたという実感があったようで、親子で話し合って、「今回の成績より下がったらスマホは預かります」と、一定期間スマホを使えなくする鍵付きコンテナを導入しました。

大人になっても興味は熱しやすく冷めやすいもの。それをわかった上で、必要以上に悲観せず、「今ハマりすぎているな」「今日1日はこれに費やして明日から控えよう」と冷静に判断して、ときには思いっきり熱中してもいいと思います。

「本」は一生の友

何かについて知りたい、調べたいと思ったら、本を読むとかなり満足できる知識が得られます。**こんがらがった頭が整理されて、気持ちが晴れる**こともあります。私はそういう考えからよく本を読むし、子どもたちにも本は積極的に買い与えています。

子どもたちが赤ちゃんの頃から小学校低学年頃まで必ず1日の終わりに絵本を読んでいたので、本は身近な存在になっているようです。国語能力を付けたかったからではなく、昼間は保育園に預けていたので1日の終わりぐらいは母親のぬくもりの時間を娘たちの中に記憶として残したかったのです。

隣にいる安心感やあたたかい空気感が伝われば、もし仮に反抗期に母親をウザく感じても、小さい頃に読み聞かせしていた本が目に入ったらそのぬくもりを思い出すかなぁと思って、眠くて疲れていても毎日頑張って読みました。

姉妹の性格の違いが好きな本にも出ていて、長女が好きだったのは、『考える力を育てるお話366』(PHP研究所)、次女は『おしりたんてい』シリーズ(トロル作・絵/ポプラ社)。

長女は1回読んだら満足するタイプなので、毎日新しい短い物語を。一方、次

ロングセラーと呼ばれている本は愛される理由があると感じます。

女はひとつのことをとことん好きになる性格なので、寝る前は同じ本を何度も繰り返し読みました。

次女が大好きな『おしりたんてい』はページ数が多くて、1回読むのに30分はかかり毎日続けるのが大変で、途中で私がウトウトしてしまって最後まで読めない日もあったのを憶えています。

『こねこのモモちゃん美容室』（なりゆきわかこ作・トビイルツ絵／ポプラ社）は、読み聞かせしている間に私が思わず泣いてしまった思い出の児童書です。

大人の本を読む暇がない時期でも、たくさんの素敵な絵本を子どもたちと毎日読めたことは、思い返すと宝もののような時間です。

「何もしない時間」も大切

情報にあふれかえる現代社会において、子どもたちには「ボ～ッとする時間」「何もしていない時間」が実はとても大切だと伝えています。

子どもがベッドでゴロゴロしていると、「そうやってボ～ッとするってなんかいいよね、お母さんも小学校のときによくやってたよ」「頭の中を空っぽにするっていいことなんだよ」と肯定的な声かけをしています。

大人は忙しいことが当たり前で、情報をキャッチして早く行動したり、他の人と同じようにスケジュールが埋まっていないと不安だったりして、ヒマがあるともったいないと思ってしまいがち。でも、そんなゆとりのない、急き立てられるような人生だけが正解ではありません。

何も気にせず頭を空っぽにする時間は、生きていくうえで自分を支えてくれるはずだと、現に私がそうだったので信じています。

自分のために使える時間ができたとき、あえて「何もしないこと」を選択できるって素晴らしい。子どもの放課後に親が予定を埋めがちですが、ただボ〜ッと過ぎ去るだけの贅沢な時間や空想の中で遊ぶ時間は、特に小学生の間は大切だと思います。

そういう時間の中で自分自身と向き合って考えを深め、**周囲の情報に左右されない自分軸**が芽生え、心持ちがしっかりしてくるのだと思います。

自分軸ができると他人も認められるようになり、他者に目を向けて思いやる優しさにもつながっていくような気がします。

自分軸は、私自身が著者として世の中に発信するようになってから身についたものですが、そういう芯のある大人でありたいし、子どもたちにもその大切さを伝えたいです。

子どものうちにできるだけ自由な時間を味わってほしい。その余白が、将来、怒濤のように忙しい日々がやってきたときも、支えになってくれるはずです。

6

私の時産ライフ

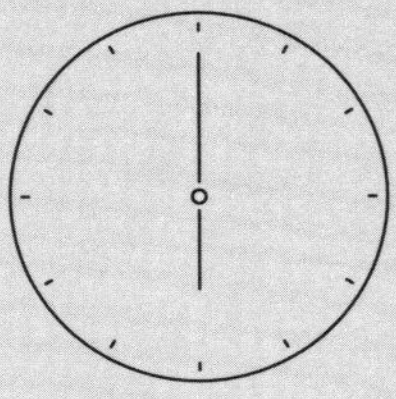

平日の慌ただしさはルーティンで緩和

5:45〜9:00 時産アイデアいっぱいのモーニングルーティン

バタバタしがちな平日も、ルーティンを決めて日々繰り返していると、リズムが整って心穏やかに過ごせます。

その快適さは家族にも伝わり、今では子どもたちも、髪の毛を結ぶ↓着替える↓歯を磨く、と毎日決まった流れで身支度するほど。

私は起きてすぐエンジン全開で動けるタイプではないので、朝は頭がボ〜ッとしていても自然に身体が動くようなルーティンを心がけています。

ほっとひと息つく時間や、やりたいことをやる時間も確保しつつ、日々少しずつ更新しているモーニングルーティンの最新版を紹介します。

5:45 時計のアラームで起床。まずリビングへ

家族が起きる前に起きて、リビングのカーテンを開けます。
時産ポイント 寝室にスマホを持ち込むのをやめて、起床後のスマホタイムをカット。朝日が気持ちいいな～と感じる余裕が生まれました。

5:45 ダイニングで
コップ1杯の水を飲む

家族が起きてくるまでのひとり時間に、ふーっと深呼吸しながらゆっくり飲みます。

5:50 ラジオを聴きながら
朝ごはんの準備

キッチンにあるラジオをつけて、家族の朝ごはんを準備。
時産ポイント 視線が奪われ手が止まりがちなテレビをやめ、ラジオにしたら作業がはかどるように。プレートに盛り付けるだけなので5分で完了（P122）。

6:00 子どもたちを起こす。朝ごはんを出す

6:10 お弁当作り&コーヒーを淹れる

家族が起きて朝ごはんを食べている間に、私はお弁当作り。私の朝ごはんはあと。同時にコーヒーをドリップします。農薬・化学肥料不使用の「森のコーヒー」（生活クラブ）がお気に入り。

時産ポイント 卵焼きを作った玉子焼き器で冷凍食品を揚げ焼き、あとはあるものを詰めるだけ（P124）。

6:25 私の朝ごはん

淹れたてのコーヒーと朝ごはんをいただきながら家族の身支度を見守る。夫と今日のスケジュールを話す貴重な時間でもあります。

6:40 次女の髪結いの手伝いと自分のスキンケア

自立に近づくため、できるだけ自分でやらせてあげたいので、髪をとかすまでは次女が自分で。髪をくくるときだけ手伝います。中学生の長女はすべて自分で。私は洗顔とスキンケア、日焼け止めまで済ませます。

時産ポイント 化粧水はスプレータイプ、乳液はプッシュ式など、少しでも手早く使える容器のものを選んでいます。

6:45 キッチンの片付け

朝ごはんとお弁当作りのあとの片付け。使う食器や道具が最小限なのですぐ終わります。

7:00 子どもと一緒に家を出て、私はジムへ

以前は家族を送り出したあとはテレビタイムでしたが、運動は夕方や夜より朝したほうが身体の調子がいいと気づき、平日の朝はほぼ毎日、子どもと一緒に家を出てジムに通っています。

時産ポイント 朝ドラの前後になんとなく情報番組を見ていた時間をカット。身支度はスポーツウェアに着替えるだけ。

7:20 ジムで1時間の有酸素運動&情報チェック

ランニングマシンで歩いたり軽く走ったりしながら、スマホでYouTubeをチェックしたりジムのテレビで朝ドラを見たりします。以前、階段を降りるときの膝に違和感があり「このまま年老いて歩けなくなったら困る!」と運動をはじめました。半年ほど続けたら膝の違和感はなくなりました。

時産ポイント 日中は忙しいので、朝、運動と情報のインプットを同時にすませます。身体を動かすと頭が冴えて仕事のパフォーマンスも上がり、夜の寝つきもよくなり睡眠の質も向上。習慣にすればいいことばかり。

8:45 帰宅後に部屋を整え、身支度をする

部屋を換気して、軽くお片付け。ワンピースに着替え、簡単にメイクをして仕事モードに。

時産ポイント ものが少ないと5分あれば部屋が元通りに。床の掃除と水拭きはロボット掃除機がジムに行っている間に完了させています。

8:55 アロマを焚き、音楽を流して仕事スイッチON

アロマディフューザーに精油（P41）をセットして、テレビでヒーリング音楽の動画を流します。

時産ポイント さわやかな香りと安らぐ音楽で、素早く集中モードに切り替わります。

9:00 テレワークで仕事開始

午前中から昼過ぎまでのゴールデンタイムは、仕事に全集中。長時間ノートパソコンで作業するので、背中が丸まらないようスタンドで目線を上げています。

時産ポイント 私はコロナ禍前からテレワークを導入していましたが、今は周囲もオンラインの会議や打ち合わせが基本になりました。移動時間を家事や育児に充てられるのはかなりの時産になります。

仕事のおとも

コーヒーは朝限定で、仕事中のリフレッシュにはハーブティーを飲んでいます。左上から時計回りに、カルディで買ったブルーベリー味のルイボスティー、冬は「第3世界ショップ」のチャイパック、夏にぴったりの「ポンパドール」の水出しベリーモヒート。

手書きのスケジュール帳で締め切りを管理。集中できる時間は有限なので、優先度の高い順に取りかかります。

9:00〜16:00 テレワークで集中力を発揮するコツ

テレワークをはじめた頃は、会社に出ているときと同じリズムで仕事をしようとして、子どもたちが帰ってきて仕事に集中できなくなったり、仕事が終わらず次の日に持ち越して罪悪感を覚えたり、ペース配分がうまくいきませんでした。しばらくして、子どもが学校に行っている間に優先度の高い仕事から終わらせていくという流れがつかめました。

午前中から昼過ぎまで集中力の高い状態が続くので、重要度が高かったり、締め切りが近いタスクから順にこなしていきます。

会社に行っていたときはランチタイムが楽しみでしたが、在宅勤務に眠気は大敵なので、**昼食は血糖値が上がらない軽いメニュー**に。

午後は締め切りが迫り切羽詰まってくることが多いので、子どもが帰ってくるまでの数時間、緊張感を集中力に換えて一気に取り組みます。

16時頃に次女が帰宅してからは集中モードを少し緩め、学校の話などを聞いたりしつつ、細々とした仕事をこなします。

ふたりとも大きくなってきたのでそれぞれ好きに過ごしていますが、どうしても集中しなければいけない仕事のときは、あらかじめ「お母さん今大事な仕事してるからね～」と伝えて、相手の状況を考えながら話しかける練習もしてもらっています。

16:00～18:00

夕方は仕事の合間にミニ家事&宿題フォローも

夕方になったら、仕事の合間にお米を研いだり、洗濯ものをベランダから取り込んだり、5分ほどでできる小さな家事もします。

「ただいま～」と次女が帰ってきたら、**「おかえり～」と出迎えてハグ**をします。いきなり「宿題は？」とは言いません。学校でがんばってきて疲れをとる時間が必要だと思うので、まずは休んでもらいます。おやつを食べるときは私も一緒に休憩します。

わが家では「宿題を終わらせてから遊ぶ」がルールなので、子どもたちはYouTubeやゲームの前に宿題に取りかかります。

次女が宿題を見せに来たら、仕事の手を止めてざっと目を通し、確認のハンコを押して、ケースにしまうまで見届けます。抜けや間違いをその場で指摘しますが、ものの3分くらいです。

漢字はとめ・はね・はらいができているか、算数については単位が合っているかなど、パッと見てわかる部分だけチェックします。毎日のことですし、あまり時間をかけると親も子もストレスになるだろうから、無理のない範囲で軽やかにするのがいいと思います。

サッとでも宿題を親がチェックするのは、小学校低学年のうちは大事な習慣だと感じています。

ワーキングスペースからダイニングに移動して、子どもと一緒に仕事の続きをすることも。宿題のチェックもその場ですぐ終わります。

夕方になるとお米を研ぐのがルーティン。本格的なごはん作りの前に下準備をすることで、頭がじょじょに家モードに切り替わります。

実は反省があり、長女の小学校時代は、宿題に関して声がけはしてきませんでした。国語の音読だけは聞いていましたが、なんでも自分から進んでやる子で、宿題もちゃんと出している様子だったからです。今思うとまかせすぎでした。

長女が6年生のときにコロナ禍で、勉強を見ていたら細かな漢字の間違いが多くありました。線の位置が微妙に違ったり、離して書くところをつなげて一直線で書いていたりなど、小さなミスが潜んでいたのです。習いたてのタイミングで漢字をチェックしてあげていたら……と反省しました。

それ以降、長女が中学生になってからも、毎週の漢字小テスト（1回10問）の前日には必ず私もテスト勉強として長女が書いた漢字をチェックをするようになりました。といっても、時間にすると1分もかかりません。

18時頃になったら仕事が残っていてもいったん切り上げて、晩ごはん作りをスタート。仕事のスイッチからママ業にしっかりと切り替えます。どうしてもやらなければいけない仕事があるときも、一度忘れて夜に再開したほうが、家事にも仕事にも集中できます。

18:00〜22:00 大切な晩ごはん時間と、リラックスタイム

夫と長女が19時頃に帰宅するのでそれまでに晩ごはんを用意し、4人そろっていただきます。

私が1日でいちばん大事にしているのがこの時間で、そのために仕事や子どもの習いごとなどのスケジュールを管理していると言ってもいいくらい、**「家族そろって」食べることを優先**しています。

私が子どもの頃はそれが当たり前の風景でしたが、家族を持ってから、その当たり前がどれだけ幸せなことだったのだろうと気づき、子育てのテーマにしました。将来、子どもたちもこの風景を思い出して、心の支えになったりしたらいいな、という願いもあります。

先輩ママからは、子どもが大きくなるほど家族全員そろっての晩ごはんが難しくなると聞いているので、今の食卓がなるべく楽しいものになるように、私自身が余裕を持っていられるように心がけています。

食事が終わってキッチンを片付けたら、1日を気持ちよく締めくくるためのリラックスタイム。20時台にお風呂に入り、20分ほど半身浴をしながら本や雑誌を読むのが私にとって最高のご褒美タイム、自分のために使う時間です。

お風呂から上がったら、フェイスパックをしながら15～20分くらい仕事のメールチェックをしたり、オンラインサロンのメンバーさんへ宿題を出したりします。

そのあと毎日30分、次女が漢字と算数の自主学習をするのに付き添い、丸つけなどをします。22時頃に次女と一緒に寝室に行き、私は30分ほど読書をしてから22時半頃には就寝します。

時間に余裕のある日は「B-life」というYouTubeチャンネルを参考に、10～30分くらいヨガをすると身体がすっきりします。

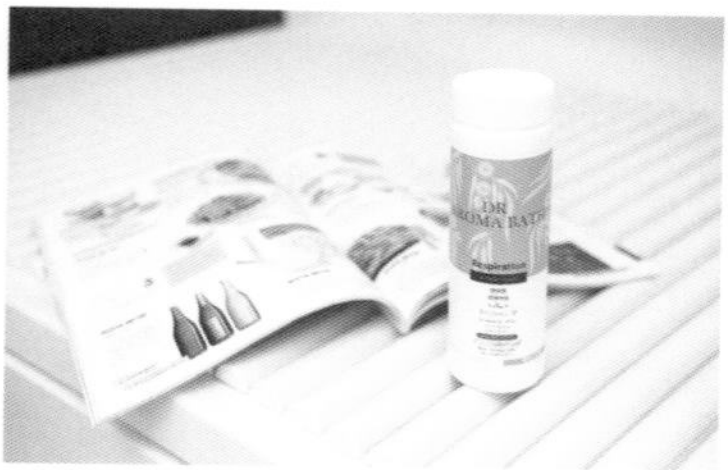

「ハイパープランツ」の入浴剤「レスピレーション」は、さっぱりとしたハーブの香りでお気に入り。昔から雑誌が好きで、好きな世界観にどっぷりつかります。

ルーティン作りのコツ

わかりやすいように具体的な時刻を書きましたが、ルーティンは「○時○分に何をする」というスケジュール的なものではなく、「寝る前に歯磨きをする」と行動とセットにすると定着しやすいです。

起きたらカーテンを開ける、子どもの出発時間に一緒に家を出てジムに行く、アロマディフューザーをセットしたら仕事モードに入る……という流れを1か月も繰り返せば、やるぞ！　と思わなくても自然と身体が動くようになります。

とはいえ、詰め込みすぎると長続きしません。毎日の生活にルーティンをうまく取り入れるための、私なりのコツは次の3つです。

①家事も仕事も完璧にこなそうとしない（精神的にも肉体的にもストレスにならない範囲で！）

②あまり時計で正確な時間をチェックしない（時間通りにやることが正解では

ない）

③家事はあと回しにしてもいいので、家族との会話を優先する（ルーティンを実践しているのは「家族との時間を大切にしたいから」という原点を忘れない）

特に子育て中は毎日やらなければいけないことが多く、キャパオーバーになりがちです。

無理はせず、自分が心地よい、楽しいと感じること、はかどる実感や充実感があることを取り入れて、「ラクなのに時産できてる！」と思えるルーティンが作れたら最高ですね。

どんなに慌ただしい毎日でも、親がおだやかな気持ちでいるのは、子どもたちにとっても良いことではないかと思います。口角をちょっと上げて笑顔を意識したり、怒りの感情が湧いてきたら深呼吸する（一拍ではしずまらないから五拍以上置く）のも、ルーティン成功の秘訣かもしれません。

休日は思いっきり休む

予定や習い事を入れず、フリーに

新米ママの頃、休日は「やったー、休みだ〜！」とうれしくて、毎週のように家族でお出かけしていました。

でも、ショッピングモールやテーマパークに行けば身体が疲れますし、結局、たまった家事を予定のない休日にまとめてするハメにもなります。ストレスや疲れがとれず、親子でしょっちゅう風邪をひいていました。

平日を「ON」で駆け抜けたあと、休日も「ON」の状態だからこうなってしまうんだと反省し、休日は予定を入れないで完全にフリー。思いっきり**ダラダラしてよし、寝坊もよし**としました。

食材の買い出しも宅配に切り替えたおかげで休みの日に出かけなくてよくなったので、家でゆっくりしてもいいし、天気が良くて散歩したくなったらしてもいい。家事もがんばらなくていい。まさしく「OFF」です。

子どもたちの習いごとも休日には入れないようにしています。宿題やテスト勉強などやるべきことが終われば、基本的にはゲームをしてもYouTubeを見ても何してもOK。

夫は筋トレ、私はヨガ、子どもはダンスをしたりと、外出しなくても家の中で身体を動かして楽しんでいます。

家族4人それぞれに好きなことをしてゆっくり過ごしたり、ときにはみんなでボードゲームをしたり。そういえば私自身も子どもの頃、休日に父とゲームや将棋をして楽しかった思い出があります。子どもと過ごす時間は今しかないので、予定に追われて慌ただしく過ごすのではなく、あとで思いかえしたときに穏やかな気持ちになるような日々を送りたいです。

休日に心も体もしっかり休んだら、疲れがとれて気持ちもすっきりして、また次の1週間を乗り切る力が湧いてきます。

ボードゲームはいろいろ持っています。この日は心理戦で盛り上がる「『名探偵コナン』推理ゲーム 謎の地下室殺人事件」をみんなで。

天気がいい日にはお散歩することも。手をつないで歩けるのはあと何年だろう？　と思いを馳せると、この時間がより大切に思えます。

私の「余白時間」の過ごし方

3分の余白に

インスタグラムをチェックしがちなところ……

☑ ベランダに出て深呼吸を5回する

☑ お湯を沸かしてハーブティーを淹れる

10分の余白に

横になってテレビを見がちなところ……

☑ ヨガやストレッチをして身体をほぐす

☑ 「ご褒美おやつ」をゆっくり味わう

1時間の余白に

食材を買いにスーパーに行きがちなところ……

☑ 近所をウォーキングしてリフレッシュ

☑ 楽しみにしていた本や雑誌を読む

短い時間でも、リラックスすることや幸せを感じることを実践すれば、暮らしがちょっと楽しくなります。ぜひ、あなたらしい余白の使い方を見つけてみてください。

時産でどんなときも自分らしく

私はマイペースなのに欲張りだから、仕事・育児・家事を全部やろうとした結果、時間の使い方が上達しました。どうしたら時間をかけなくてすむかな？　と考えて家事をやめたり早く終わらせたりして、3分でも1時間でも余白を作り出して、やりたいことをやってきました。

1日の中に少しずつでも好きなことをする時間が持てていれば、子育てをしていても、それ以外のことで忙しくても、自分らしさは失われません。

仕事も子育ても発信活動も、必死に頑張ってきてよかったと胸を張れるのは、すべてをギチギチに詰め込まず、いつも暮らしに少しの余白を確保していたからだと思います。

これからも時産アイデアを考えていくので、またみなさんとシェアさせてください。本書で紹介したのは一例です。読者のみなさんが自分らしい時産を実践して、それぞれの毎日に幸せな時間がどんどん広がっていくことを願っています。

マキ

マキ Maki
シンプルライフ研究家、時産アドバイザー。夫婦とも会社員の共働きで、娘ふたりと4人暮らし。YouTube「エコナセイカツ」やDMMオンラインサロン「シンプルライフ研究会」で暮らしがラクになるヒントを発信。テレビ出演や雑誌連載、講演、ブランドとのコラボ企画、住宅プロデュースなども手がける。著書に『持たないていねいな暮らし』（すばる舎）、『しない家事』（三笠書房 知的生きかた文庫）、『ゆるく暮らす』（マイナビ文庫）、『笑う家事には福来る』（主婦の友社）など多数。HP「エコナセイカツ」www.econaseikatsu.com

これからの人生《じんせい》を豊《ゆた》かにする 時産《じさん》
時間《じかん》と心《こころ》に「余白《よはく》」が産《う》まれる暮《く》らし方《かた》

2023年10月20日　第1刷発行

著　者　マキ
発行者　小田慶郎
発行所　株式会社 文藝春秋
〒102-8008 東京都千代田区紀尾井町3-23
電話 03-3265-1211（代表）
デザイン　中川真吾
撮　影　杉山秀樹
写真提供　マキ
印刷製本　大日本印刷
組　版　エヴリ・シンク

 ISBN 978-4-16-391715-3 Printed in Japan